期货交易者教育系列丛书

液化石油气期货

中国期货业协会 编

中国财经出版传媒集团
中国财政经济出版社
北京

图书在版编目（CIP）数据

液化石油气期货／中国期货业协会编．－－北京：
中国财政经济出版社，2024.4
（期货交易者教育系列丛书）
ISBN 978－7－5223－2931－4

Ⅰ.①液… Ⅱ.①中… Ⅲ.①液化石油气－期货交易
－基本知识 Ⅳ.①F830.93

中国国家版本馆 CIP 数据核字（2024）第 055043 号

责任编辑：翁晓红　　　　　责任校对：胡永立
封面设计：王　颖　　　　　责任印制：党　辉

液化石油气期货
YEHUA SHIYOUQI QIHUO

中国财政经济出版社 出版

URL：http://www.cfeph.cn
E－mail：cfeph@cfeph.cn

（版权所有　翻印必究）

社址：北京市海淀区阜成路甲28号　邮政编码：100142
营销中心电话：010－88191522　编辑部电话：010－88190957
天猫网店：中国财政经济出版社旗舰店
网址：https://zgczjjcbs.tmall.com
中煤（北京）印务有限公司印刷　各地新华书店经销
成品尺寸：170mm×230mm　16 开　9 印张　128 000 字
2024 年 4 月第 1 版　2024 年 4 月北京第 1 次印刷
定价：27.00 元
ISBN 978－7－5223－2931－4
（图书出现印装问题，本社负责调换，电话：010－88190548）
本社质量投诉电话：010－88190744
打击盗版举报热线：010－88191661　QQ：2242791300

《期货交易者教育系列丛书》
编委会

编委会主任：杨 光

编委会委员：吴亚军　王　颖　冉　丽　孙明福

主　　编：杨　光

执行编委：董文旭　刘方媛

编撰人员：娄载亮　肖海明　李紫嫣　刘田莉

前　言

我国期货市场经过30多年发展，经历了从无到有、从小到大、从乱到治，走出了一条独具特色的道路，取得了令人瞩目的成就。30多年来，期货市场的规则体系不断完善，品种创新有序推进，风险管理工具进一步丰富，对外开放进程明显加快。期货市场的规模稳步扩大，市场交易者结构逐步优化，资产管理和风险管理等创新业务探索取得初步成效。期货市场整体运行质量和效率不断提高，发现价格、管理风险和配置资源的基础功能得到发挥，在服务实体经济、促进产业升级、助力乡村振兴和维护国家经济金融安全等方面发挥着越来越重要的作用。

随着我国期货市场规模的不断发展壮大，新的市场参与者特别是个人交易者呈持续上升趋势。交易者是期货市场的重要主体，期货市场的发展离不开交易者的积极参与。中小投资者是我国现阶段资本市场的主要参与群体，但处于信息弱势地位，抗风险能力和自我保护能力较弱，合法权益容易受到侵害。维护中小投资者合法权益是证券期货监管工作的重中之重，关系广大人民群众的切身利益，是资本市场持续健康发展的基础。因此，当前我国期货市场正处于快速发展时期，做好期货交易者教育工作意义深远。

2013年，《国务院办公厅关于进一步加强资本市场中小投资者合法权益保护工作的意见》（以下简称《意见》）发布，指出要强化中小投资者教育，加大普及证券期货知识力度。将投资者教育逐步纳入国民教育体系，有条件的地区可以先行试点。充分发挥媒体的舆论引导和宣传教育功能。证券期货经营机构应当承担各项产品和服务的投资者教育义务，保障费用支出和人员配备，将投资者教育纳入各业务环节。提高投资者风险防范意识。自律组织应当强化投资者教育功能，健全会员投资者教育服务自律规则。中小投资者应当树立理性投资意识，依法行使权利和履行义务，养成良好投资习惯，不听信传言，不盲目跟风，提高风险防范意识和自我保护能力。2019年3月，中国证监会、教育部联合印发了《关于加强证券期货知识普及教育的合作备忘录》（以下简称《合作备忘录》），旨在学校教育中大力普及证券期货知识，推动全社会树立理性投资意识，提升国民投资理财素质，维护社会和谐稳定。2022年8月1日，《期货和衍生品法》正式施行，确立了期货交易者权益保护制度。

随着《意见》的深入贯彻和落实，我国中小投资者保护工作取得了积极成效，围绕期货交易者教育工作，期货市场的监管部门、自律组织与中介机构都深入进行了大量形式多样、内容丰富、卓有成效的工作。由中国期货业协会组织编写的本套《期货交易者教育系列丛书》，就是协会按照行政监管部门统一部署，贯彻落实期货交易者教育工作的重要措施之一，也是协会积极响应《关于加强证券期货知识普及教育的合作备忘录》要求，推动期货知识进校园、进课堂、纳入国民教育体系的切入点。本丛书是为期货交易者编写的一套普及性读物，以广大普通交易者为服务对象，兼顾了专业机构的需求，采取简单明了的问答体例，在语言上力争做到深入浅出、通俗易懂、可读性强。衷心地希望本丛书的出版能够为期货交易者了解期货市场、树立风险意识、理性参与期货交易提供有益的帮助。

在此，我们对所有在本丛书编写和出版过程中付出辛勤劳动的朋友表示衷心感谢。由于编写时间紧迫，书中错误和疏漏在所难免，恳请读者批评指正。

中国期货业协会
2024年4月

目 录

第一章　液化石油气的相关知识 / 1

一、什么是液化石油气？ / 1

二、液化石油气的产业链是怎样的？ / 2

三、液化石油气的国际供给是怎样的？ / 4

四、液化石油气的国内供给是怎样的？ / 6

五、液化石油气的存储与运输有哪些特征？ / 10

六、液化石油气的需求结构是怎样的？ / 14

自测题 / 17

参考答案 / 19

第二章　液化石油气期货合约及相关制度 / 20

一、什么是液化石油气期货？ / 20

二、大连商品交易所液化石油气期货合约是怎样设计的？ / 22

三、大连商品交易所推出液化石油气期货有什么作用？ / 24

四、液化石油气期货是怎样交易和结算的？ / 24

五、什么是液化石油气期货的保证金制度？ / 25

六、什么是液化石油气期货的涨跌停板制度？ / 26

七、什么是液化石油气期货的限仓制度和强行平仓制度？ / 27

自测题 / 28

参考答案 / 30

第三章　液化石油气期权的相关知识 / 31

一、什么是液化石油气期权？ / 31

二、大连商品交易所液化石油气期权合约是怎样设计的？ / 32

三、液化石油气期权和期货有什么关系？ / 34

四、液化石油气期权是怎样交易和结算的？ / 35

五、液化石油气期权有哪些优缺点？ / 37

六、液化石油气期权是如何定价的？ / 38

七、影响液化石油气期权价格的主要因素有哪些？ / 40

自测题 / 41

参考答案 / 43

第四章　液化石油气价格影响因素 / 44

一、影响液化石油气价格的主要因素有哪些？ / 44

二、宏观因素对液化石油气价格有什么影响？ / 45

三、原油价格是怎样影响液化石油气价格的？ / 46

四、国内外运输对液化石油气价格有哪些影响？ / 47

五、下游需求变化是怎样影响液化石油气价格的？ / 50

六、存储对液化石油气价格有哪些影响？ / 52

七、季节性因素是怎样影响液化石油气价格的？ / 52

八、炼厂产业加工利润对液化石油气价格有哪些影响？ / 53

九、替代品天然气价格是如何影响液化石油气价格的？ / 54

自测题 / 56

参考答案 / 58

第五章　液化石油气期货的投机与套利 / 59

一、什么是投机交易？ / 59

二、为什么需要投机？ / 60

三、投机者进行投机要关注哪些点？ / 61

四、投机者如何进行风险管理？ / 64

五、什么是套利交易？ / 66

六、液化石油气期货有哪些套利交易类型？ / 66

七、液化石油气期权有哪些套利交易类型？ / 68

八、套利交易有哪些利弊？ / 70

自测题 / 73

参考答案 / 75

第六章 液化石油气期货在产业中的应用 / 76

一、液化石油气产业分别面临哪些风险？ / 76

二、液化石油气期货在生产型企业中如何应用？ / 78

三、液化石油气期货在贸易型企业中如何应用？ / 78

四、液化石油气期货在需求型企业中如何应用？ / 79

五、液化石油气仓单有哪些应用？ / 80

自测题 / 81

参考答案 / 83

第七章 液化石油气期权的应用 / 84

一、什么情况选择做买权？ / 84

二、什么情况选择做卖权？ / 85

三、市场不同走势结构应如何应对？ / 86

自测题 / 94

参考答案 / 96

第八章 液化石油气期货的交割 / 97

一、液化石油气期货为什么要进行交割？ / 97

二、套期保值与交割的关系是怎样的？ / 98

三、液化石油气交割细则有哪些？ / 99

四、什么是液化石油气交割的升贴水规则？ / 103

五、怎样生成液化石油气仓单？ / 105

六、液化石油气交割流程是怎样的？ / 106

七、交割结算价是如何确定的？ / 108

八、液化石油气期货交割有哪些成本？ / 108

九、液化石油气期货交割有哪些风险？ / 111

十、什么是期转现？ / 111

自测题 / 112

参考答案 / 114

第九章 期货公司为企业提供风险管理服务 / 115

一、期货公司能为企业提供哪些风险管理服务？ / 115

二、什么是仓单业务？ / 116

三、什么是仓单回购业务？ / 117

四、什么是仓单融资业务？ / 118

五、什么是合作套保？ / 119

六、什么是基差贸易？ / 120

七、什么是场外期权业务？与场内期权有哪些区别？ / 121

自测题 / 122

参考答案 / 125

后　记 / 126

第一章

液化石油气的相关知识

 一、什么是液化石油气？

随着石油化学工业的发展，液化石油气（简称LPG）作为一种清洁燃料以及化学原料越来越受到重视。液化石油气是在提炼原油时生产出来的，或是在石油或天然气开采过程中挥发出的一种无色气体。通过炼油所得到的液化石油气主要组成成分为丙烷、丙烯、丁烷、丁烯中的一种或者两种，同时还掺杂着少量戊烷、戊烯和微量的硫化物杂质。经石油或天然气开采得到的液化气基本以烷烃为主，不掺有烯烃。严格意义上来说，我国液化石油气很大程度上用于民用燃烧，这部分对于丙丁烷比例要求较低。

液化石油气的特点如下：

主要成分：丙烷和丁烷；

丙烷沸点（℃）：-42；

丁烷沸点（℃）：-0.6；

燃烧值（MJ/kg）：45.22~50.23；

引燃温度（℃）：426~537；

爆炸浓度极限（%）（V/V）：1.5~9.5。

不同液化石油气组分类型见表1-1。

表1-1　　　　　　　　不同液化石油气组分类型

资源类型	组分
进口液化气	丙烷、丁烷
油田液化气	以丙烷、丁烷为主
炼厂FCC、焦化液化气（气分前）	丙烯含量较高，同时含有丁烯、丁烷、异丁烷，少量正丁烷
炼厂FCC、焦化液化气（气分后）	丙烷液化气及碳四液化气，主要包括丁烯、异丁烷及少量正丁烷
炼厂重整、加氢裂化液化气	以正丁烷为主，其他成分主要为丙烷、异丁烷
炼厂醚后碳四	丁烷（以异丁烷为主）、正丁烯
乙烯企业抽余碳四	以丁烯为主，丁烷约占1/3
乙烯企业醚后碳四	丁烷、正丁烯
碳四深加工芳构化液化气	以丙烷为主，其他主要为正丁烷、异丁烷
碳四深加工烷基化液化气	正丁烷
MTO混合碳四	正丁烯及少量异丁烯、正丁烷
MTP液化气	主要为丙烷、异丁烷、正戊烷、少量异丁烯、戊烯

资料来源：观研报告网：《中国液化气行业发展现状研究与未来前景预测报告（2022—2029年）》。

  二、液化石油气的产业链是怎样的？

（一）液化石油气供给

从供给端来说，液化石油气的来源主要分为两个部分：一是伴生气，即在开采石油、天然气的过程中，从油田提炼出来的原油和湿气混合物经气液分离器分离，上部出来的天然气送到一个储气罐中，经过加压（16kg/cm²）再分馏，用柴油喷淋吸收；天然气（干气）从塔顶送出，吸收了液化气的富油经过分馏塔,在 16kg/cm² 压力下冷凝为液态,形成液化石油气。二是炼厂气,也是国内生产液化石油气的主要方式。炼油厂在提炼石油的裂解过程中产生,在石油炼厂及化工厂的减压蒸馏、热裂化、催化裂化、铂重整及延迟焦化等加工过程中都可以得到液化石油气。一般来讲,提炼1吨原油可产生 3%~5% 的液化石油气。

(二) 液化石油气运输

从运输端来说,液化石油气的主要运输方式有4种:水路运输、铁路运输、公路运输、管道运输。整体来说,液化石油气运输成本较高,对运输器材的要求较高。

(三) 液化石油气的需求

从需求端来说,液化石油气下游需求整体可以分为两部分:一部分是燃烧需求,另一部分是深加工需求。目前两者占比约为 55% 和 45%。燃烧需求主要包括民用气燃烧、商用餐饮、金属冶炼、车用燃烧等。深加工主要包括调油市场、丙烷脱氢制丙烯以及其他化学工业。

液化石油气产业链如图 1-1 所示。

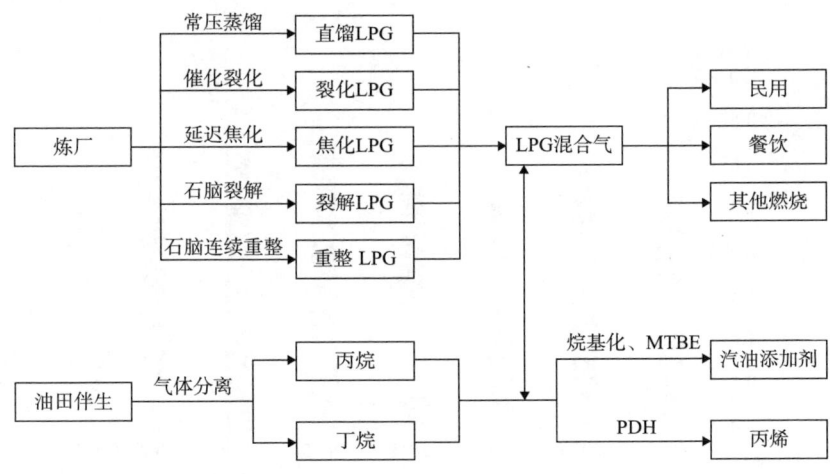

图 1-1 液化石油气产业链

资料来源:根据公开资料整理。

三、液化石油气的国际供给是怎样的？

（一）液化石油气全球供应总量

从全球供给角度来看，液化石油气供应总量平稳增长，传统优势产区地位稳固。据 Argus 统计，2021 年全球液化石油气供应量为 3.35 亿吨，较 2020 年增长 3.72%；2020 年全球供应量为 3.23 亿吨，同比增长 3.19%。近 10 年，全球液化石油气供应量年均增长 3% 左右（见图 1-2）。供应占比排在前三位的地区分别是北美地区占比 30%、亚太地区占比 26%、中东地区占比 19%。北美地区供应量的激增来源于页岩油气产业的发展；而随着亚太地区原油加工量的增长，液化石油气作为炼厂原油加工的副产品，其产量跟随增长；中东地区油气资源丰富，因此液化石油气作为主流油气田伴生资源，供应量稳居前列。全球液化石油气供应来源主要为油气田伴生气和炼厂副产气两个渠道，而液化石油气供应以油气田伴生气为主。

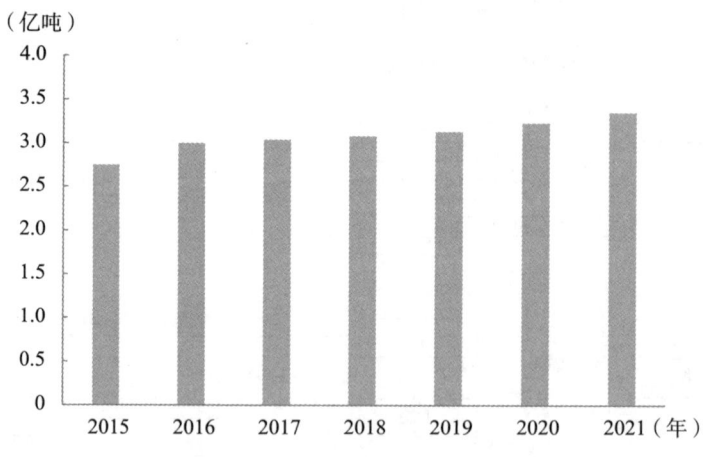

图 1-2 液化石油气全球供应量

资料来源：路透社、前瞻产业研究院。

（二）液化石油气供应的地域结构

从供应的地域结构来看，液化石油气供应量最大的是北美地区，从2021年的数据来看，北美地区年供应规模为1.06亿吨，占比30%。伴随着美国页岩气革命兴起，2010年以来页岩气副产品丙烷产量显著增加，导致北美地区液化石油气供应量大幅提升。以美国为主导的北美成为全球液化石油气供给最大的地区，贡献全球超30%的产量，美国也成为全球液化石油气供给最多的国家，约占全球1/4的供应量。其次是亚太地区，原油加工持续增长带动炼厂气产量上行，亚太地区2021年液化石油气供应规模为8477万吨，贡献了全球近26%的产量，中国贡献了亚洲地区一半的产量，印度和泰国贡献了亚洲1/4的产量。再次为原油输出重点区域的中东地区，供应量为6984万吨，占比19%，主要依赖沙特阿拉伯、卡塔尔、阿联酋以及伊朗，其中沙特阿拉伯为中东地区主要生产国，其产量占中东的1/3、全球6%的供应量。这三个地区合计供应量约占全球的75%；欧洲、独联体、南美以及非洲液化石油气产量相对有限，共25%左右的供应量（见图1-3）。

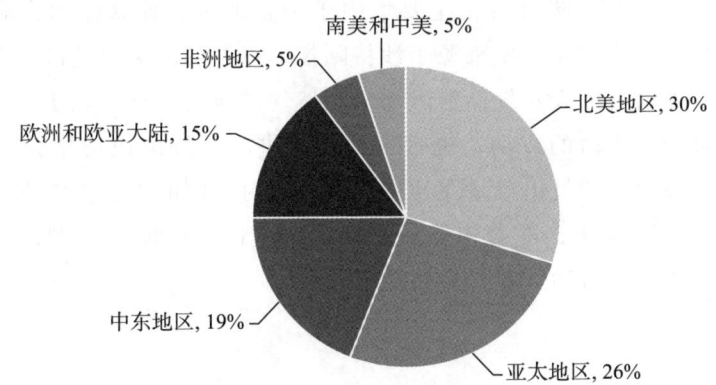

图1-3　2021年全球液化石油气供应地域占比

资料来源：路透社、前瞻产业研究院。

（三）液化石油气供应来源

从液化石油气来源方面看，液化石油气产量主要以伴生气供给为主导，以天然气为源头的伴生气液化石油气产量占全球产量超过65%，而以炼厂为源头的炼厂气液化石油气产量仅占全球产量35%左右。北美和中东液化石油气供给90%以上都来自伴生气，而总产量排名第二的亚洲地区是以炼厂气为主要液化石油气供应来源，炼厂气产量占比85%。

数据显示，2018年油气田伴生气供应量为2.04亿吨，占比65.2%，炼厂副产气1.09亿吨，占比34.8%。2010年以来美国页岩气大面积开发，油气田伴生气的供应比重呈现上升趋势，从2010年的59.2%上升至2018年的65.2%；而炼厂副产气的比重呈现不断下降趋势，从2010年的40.8%下降至2017年的34.8%。

（四）油田储量分布

英国石油公司（BP）能源数据显示，近20年，天然气田已探明储量稳定增长。全球天然气资源分布不平衡，截至2018年底，全球天然气储量为196.9万亿立方米，主要分布在中东地区和东欧地区，其中中东地区天然气储量最多，占全球的38.3%；其次是独联体国家，占比达31.9%。储量占比前三名的国家分别为俄罗斯、伊朗和卡塔尔。

近年来，天然气储量增长主要集中于中东地区、独联体国家和北美地区。中东地区产能增长主要来源于沙特阿拉伯以外的国家及地区。此外，页岩油革命也带动美国天然气储量激增。天然气供应格局越发趋于不平衡。

美国页岩油革命的成功，也带来了油气供应的持续快速增长。自2013年起，美国液化石油气出口量飞速增长，其中对中国的液化石油气出口亦保持高速增长。2018年，随着中美贸易冲突，进口关税税率上调，导致美国出口至中国的液化石油气船货量锐减。

四、液化石油气的国内供给是怎样的？

（一）液化石油气国内供应来源

国内液化石油气供应来源主要为国产和进口。近几年我国液化石油气产量显现不断上升趋势。2020年，我国液化石油气国内总产量为4447.3万吨，仅次于美国和沙特阿拉伯，为全球第三大生产国。因我国油气田资源匮乏，国产液化石油气以炼厂气为主，炼厂气占全国总产量的99%，占全球炼厂气总产量的1/3（见图1-4）。

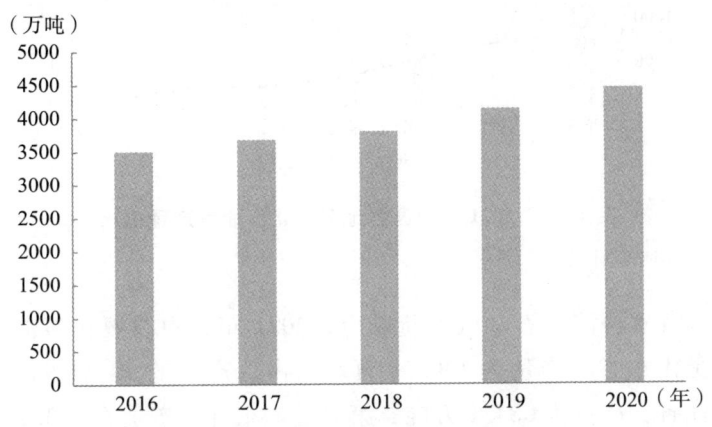

图1-4 2016—2020年中国LPG产量

资料来源：中国石油和化学工业联合会。

在国内产能中，主营炼厂中石油、中石化和中海油供应量约占供应总量的60%。而由地方炼厂及燃气深加工企业组成的非主营炼厂液化气供应量约占供应总量的40%。后期随着中石油和中石化相继建设自身的烯烃深加工装置，其原料醚后碳四将以自用为主，外放量将逐步减少，主营厂家的液化气产量或将逐渐减少，非主营厂家占比将会有所扩大。

（二）液化石油气国内产量分布

由于国内液化石油气产量主要来源于炼厂气，因此，液化石油气国内产量分布也基本与原油开采和冶炼区域分布相近，华东、华北、东北以及华南体量相对较大。根据国家统计局的数据，2021年华东地区液化石油气产量最高，达到2583万吨，占全国总产量的55.4%；其次是华南地区，全年产量716.6万吨，占全国总产量15.1%；随后是东北地区和华北地区，分别生产540.7万吨以及320.4万吨，分别占比为11.5%和6.9%（见图1-5）。

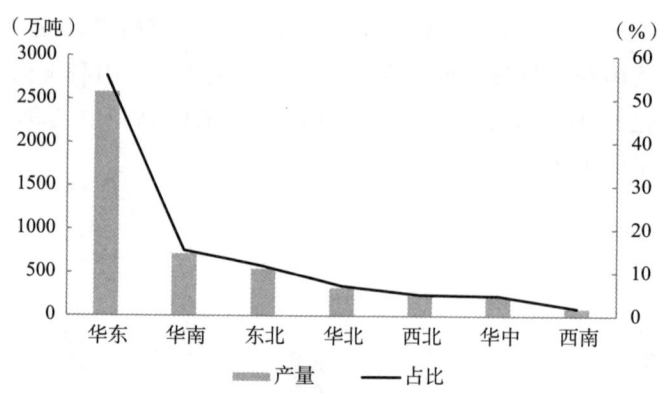

图 1-5 2021 年中国各地区液化石油气产量占比

资料来源：国家统计局。

从全国各省份液化石油气产量来看，2021 年，中国液化石油气产量排第一位的是山东省，产量为 1403.8 万吨，占总产量的 29.51%；排名第二位的是浙江省，产量为 684.1 万吨；第三是广东省，产量为 503.7 万吨。山东地区依然是液化石油气供应大省，产量稳步提升（见图 1-6）。

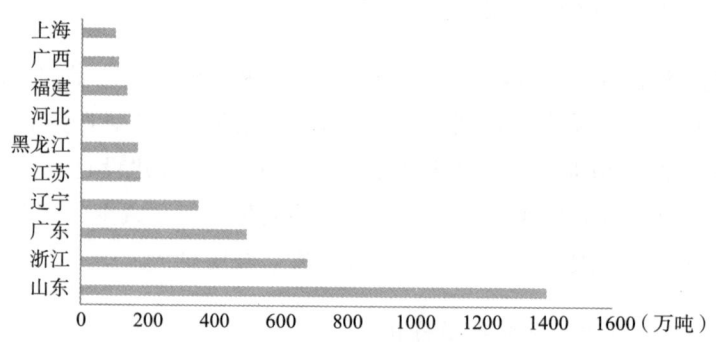

图 1-6 2021 年中国各省份液化石油气产量

资料来源：国家统计局。

（三）液化石油气国内供应因素分析

中国作为世界液化石油气市场中的重要一环，其供应主要来源于炼油厂副产品，进口货源作为补充。需求主要包括燃烧及化工原料深加工。据中国液化石油气平衡表显示，自 2016 年以来，国内液化气产量呈现逐年递增的趋势，其中2016年产量增幅最大，为19%；2017年以来增速放缓并且在近两年保持小幅波动，产量增长相对平稳。我国液化石油气产量增长的原因为：炼厂原油加工量逐年增长，带动液化气产量增加。2016年山东地炼整体开工负荷较高带动液化气产量大幅提升。近几年，中国独立炼厂进口原油使用权继续开放，同时部分大型炼化一体化项目投建及炼油项目升级等均助推液化气产量的增加。

由于国产液化石油气主要来源是炼油装置，原油加工量的多少理论上将决定液化石油气产量的多少，液化石油气国内产量约为原油加工量的固定比例，为3.5%~4%。

2019年以来国内新增炼化项目较少，液化气产量未出现大幅增长，多数地区液化气产量增速平稳。月度产量变动与季节存在一定相关性，即春、夏季节产量相对偏低，秋、冬季节产量相对偏高，这与液化气传统燃烧需求淡旺季联系较密切。炼厂多在需求淡季时安排检修。

（四）液化石油气进口格局分析

下游深加工装置的投产，对进口液化石油气的刚需不断增加。从2016年起，国内进口量迅速增长；2021年国内液化石油气进口量为2449.4万吨，较2016年增加836.9万吨（见图1-7）。

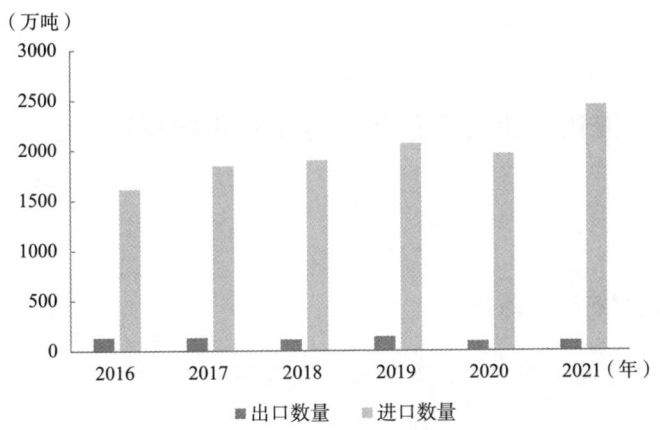

图1-7 2016—2021年中国液化石油气进出口数量

资料来源：海关总署。

进口气方面,我国主要从中东地区进口。2013年起美国对中国的液化石油气出口保持高速增长。2018年,随着中美贸易冲突,进口关税税率上调(丙烷税率26%、丁烷税率28.5%),美国出口至中国的液化石油气船货量锐减。2020年3月以后,随着贸易协定的达成、关税税率的下调,中国恢复对美国液化石油气的进口。

进口货源约占我国整体供应的47%,目前排名前五位的进口国分别为阿联酋、卡塔尔、科威特、沙特阿拉伯和阿曼,都处于中东地区。

(五)液化石油气进口量区域分布

我国液化石油气进口集中在华南、华东和华北地区,这三个地区进口量占比达到全国进口量的99%。其中,华东地区进口量居全国首位。液化石油气进口省份排名前五位的分别是浙江、广东、山东、上海和江苏。据统计,2021年浙江省液化石油气进口量为526.89万吨,广东省进口量为490.92万吨,山东省进口量为452.26万吨。广东省主要进口企业有汕头暹罗、潮州欧华、深圳华安、九丰能源、珠江龙华等。江、浙、沪地区主要进口企业有东华能源、中国燃气、宁波海越等。山东地区主要进口企业有烟台万华和天津渤化。其中,东华能源、中国燃气、万华化学、九丰能源和天津渤化为我国前五大进口企业,占全国进口的67%。

五、液化石油气的存储与运输有哪些特征?

(一)液化石油气的存储

按照库存存储量的大小,液化石油气储库可以分为一级库、二级库、三级库。

一级库:一般指直接用大型液化石油气冷冻船从国外进货后,可以用船运或陆运直接出货的大型液化石油气冷冻库、地下库、压力库。

二级库：一般指有液化石油气货源可供液化石油气汽车槽车或火车槽车接货的中型液化石油气压力库。这种类型的储库，如位于江海边的对外开放口岸，则既可用小型液化石油气压力船从海外直接进口液化石油气，又可从一级库进货。

三级库：一般指用汽车槽车从一级库或二级库进货后，只装液化石油气钢瓶销售或直接用管线供用户使用的小型液化石油气储库。

1. 一级库

一般来说，存储工具可以分为冷冻库、压力罐等。冷冻库通过低温的方式对液化石油气进行存储，通常存储体量较大，安全性较高。压力罐通过加压的方式存储液化石油气，相对而言存储量较小，更多适用于二级库和三级库。

截至2021年12月底，全国运营27座液化石油气一级库，总库容为521.5万立方米。运行的27座一级库中，主要是贸易库，共计16座，其中比较有代表性的有珠海龙华、东莞九丰、汕头暹罗、潮州欧华以及浙江中燃等。其中，中燃一级库均为贸易库。

专门用来给自己下游化工装置储存原料的库称为装置配套库。我国装置配套库共计11座，其中东华能源在浙江和江苏的三座一级库均为装置配套库。在剥离液化气贸易前，东华能源曾多年蝉联中国液化气贸易企业首位。

2. 二级库

二级库主要是用于供给燃料市场，主要分布在山东、华东、华南三地，合计占比超60%。二级库以贸易为主。全国共有53座在运营，总库容54.1万立方米。由于二级库主要采取陆上接货，周转频率高，单次周转量较小，因此库容通常较小，一般单座库容在1万立方米以下。除了供给燃料需求，在江苏、浙江等华东地区，部分企业的二级库也为自家的深加工装置储备原料。

受国家政策影响，天然气越来越多地进入居民生活。随着天然气的发展，液化石油气的燃烧需求受到挤压，因此各大地区民用气市场基本饱和，企业对于增建二级库积极性不高。

从周转量的角度来看，华南、山东的周转量最大，其中又以广州、汕头、阳江和东营更具代表性。全国液化气二级库周转量为446万吨（年度），其中华南、山东、华中地区周转量排名前三位。华南、华中因燃料需求较大，二级库周转量分别达到146万吨和87万吨。

从周转率的角度来看，华南、华中地区周转率相对较高，两地能源供应能力弱于市场需求，处于供不应求的状态。东北、山东、华北等地二级库周转率为11~17.5，整体供需基本匹配；而华东、西部地区二级库足以满足周转需求，处于相对饱和状态。

3. 三级库

三级库主要在一些体量相对较小的贸易商处，以压力罐为主，分布较为广泛，更加接近终端销售。周转率较高，通常货物在罐内停留时间为半个月左右。

总体而言，国内的存储设备以储存进口气的冷冻罐为主，以华南、华东、山东地区为主要仓储基地，三地的总库容占比62%。液化气库中，冷冻库占比82%，平均运转周期为15~45天。一级库多为冷冻库，通常配套大型码头，用于接卸VLGC冷冻船；炼厂压力罐占比18%，平均周转周期为5~7天。

地下洞库分布在华南、华东、山东，均为一级库，单座库容均在10万立方米级别以上。目前，全国运营4座液化石油气地下洞库，分布在广东、浙江、山东。其单座库容较大，规模最小的汕头暹罗库容也达到20万立方米。由于华南、华东、山东对液化石油气需求较大，建设地下洞库可以较大程度地弥补当地供需缺口。

从三个大区地下洞库库容占比来看，华东地下洞占比较小，以地上储罐为主，山东一级库库容集中在万华化学的地下洞库，而华南地下洞库与地上储罐库容分配均匀。拟在建方面，华南暂无地下洞库建设规划，华东将在浙江建设200万立方米的丙烷脱氢制丙烯（PDH）及氢能综合利用项目配套地下洞库，山东的万华化学在建120万立方米地下洞库。

地下洞库投资成本高，且对地质构造及技术条件要求苛刻。华北、东北地区液化石油气需求不大（尤其是化工需求），再加上经济及技术条件限制，目前暂无运营及拟在建地下洞库。

（二）液化石油气运输

1. 管道运输

管道运输系统由起点储气罐、起点泵站、计量站、中间泵站、管道及终点储气罐组成。如输送距离较近，可不设中间泵站。在设计和运行时，必须注意液化石油气易于气化的特性，使管道内的压力高于液化石油气的饱和蒸气压，保持液相输送。管道运输在运行费用和安全可靠性方面优于其他运输方式。

2. 铁路运输

以铁路槽车（也称为列车槽车）为运输工具。铁路槽车通常是将圆筒形卧式储气罐安装在列车底盘上，罐体上设有人孔、安全阀、液相管、气相管、液位计和压力表等附件，车上还设有操作平台、罐内外直梯、防冻蒸汽夹套等。大型铁路槽车的罐容为 25~55 吨，小型铁路槽车的罐容为 15~25 吨。在运量不大、运距较近、接铁路支线方便的地方，常采用这种运输方式。

3. 公路运输

以汽车槽车为运输工具。用于液化石油气运输的汽车槽车称为运输槽车。大型运输槽车的罐容为 7.5~27.5 吨，小型运输槽车的罐容为 2~5 吨。槽车的罐体上设有人孔、安全阀、液位计、梯子和平台，罐体内部装有防波隔板。阀门箱内设有压力表、温度计、流量计、液相和气相阀门。液相管和气相管的出口安装过流阀和紧急切断阀。车架后部装有缓冲装置，以防碰撞。槽车储气罐底部装有防静电用的接地链，槽车上配有干粉灭火器，并有"严禁烟火"的标志。

4. 水路运输

以专用的海洋运输船和内河近海驳船为运输工具。船上安装一组或几组圆筒形或球形储气罐，以及装卸用的泵和压缩机。大型海洋运输船采用双层壁结构的低温储气槽，以船体作为储气槽外壁，低温薄钢板作为内壁，中间为绝热层。海洋运输船装载量一般为 1.5 万~6.5 万吨，还有更大些的，多用于国际远洋运输；内河近海驳船装载量通常为 500~1000 吨，多用于国内水路运输。

14 液化石油气期货

 六、液化石油气的需求结构是怎样的？

（一）液化气的需求发展史

第一阶段：20世纪90年代。液化气属于稀缺资源，主要用在城乡居民生活燃料，能够买到和使用液化气一度成为身份象征。

第二阶段：2000—2005年。国内液化气逐渐变得供不应求，出现了较大的供给缺口，开始陆续出现一些进口贸易商，产业内大多数知名贸易公司都是这个时期诞生的。

第三阶段：2005—2010年。在进口量稳定增长之际，以山东为代表的地方炼油厂蓬勃发展，作为副产气的液化石油气大量产出。以山东地区为例，其大大小小的炼厂超过50家，炼油产能一度达到1亿吨。液化石油气供需关系转为供大于求，供给量一度超过需求的20%。在供给增加的同时，替代品天然气开始作为生活燃料进入市场。尽管液化气需求整体看依旧处于增长状态，但供给增速更高，生产企业屡屡发生胀库事件，销售压力较大。

第四阶段：2010—2015年。市场迎来了工业气改革时代，由于前期液化气产能过剩，这个阶段开始推动市场转型。市场开始进行化工利用，炼厂将有化工用途的液化气组分单独销售，这部分就称为工业气。这期间中石油、中石化等国内最大的生产商开始进行销售体制改革，建立专业的石油气销售公司，中石油成立了昆仑能源有限公司，中石化成立了炼油销售有限公司。

第五阶段：2015年以来。液化气迎来了供需双增，进口量、国内产量均出现大幅增长，PDH装置大幅投产。期间液化石油气期权、期货在大连商品交易所上市，液化气被赋予了金融属性，开始与国际接轨。未来，液化石油气作为清洁能源与天然气共同发展，在碳中和、碳达峰的背景下，行业开始进入新的时代。

(二) 全球液化石油气需求格局

在全球液化石油气需求方面，需求量整体呈现稳定增长态势。2008年全球液化石油气需求量约2.26亿吨。随着天然气管道运输及LNG跨洲际运输的发展，液化石油气的需求在一段时间内被抑制，2010—2013年总体需求维持在2.5亿吨左右。随着全球经济复苏和亚洲液化石油气深加工的兴起，2014年后液化石油气需求重新增长，数据显示，2019年全球液化石油气需求量为3.13亿吨，同比增长3%。受到疫情、石油产出等影响，2020年全球液化石油气消费量同比略微下降0.4%，约3.12亿吨（见图1-8）。

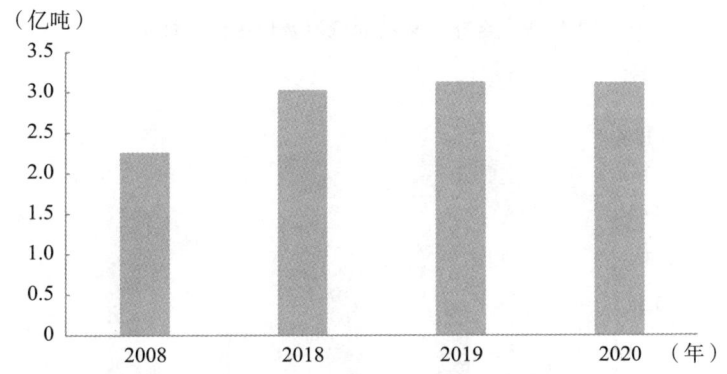

图1-8　全球液化石油气需求量

资料来源：中国石油和化学工业联合会、大商所。

从地区来看，亚洲地区为消费的主要市场，消费量约占全球液化石油气消费量的41%；其次为北美地区，消费量约占全球液化石油气消费量的21%（见图1-9）。

未来，随着世界经济的逐渐复苏和工业生产的恢复，以亚太地区为首的国家对于液化石油气需求的增长仍将较为强劲，化工用液化石油气需求也将恢复增长，以满足其石化品生产需求。由此，预计到2026年，全球液化石油气的需求量将恢复增长趋势，达到约3.39亿吨（见图1-10）。从消费结构看，全球范围内燃料用途占据主要份额，约为总需求的70%，其余30%的需求则用于化工领域。

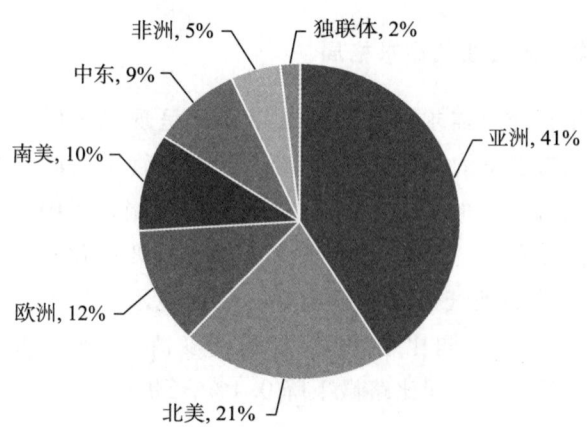

图1-9 全球液化石油气消费地区分布情况

资料来源：路透社。

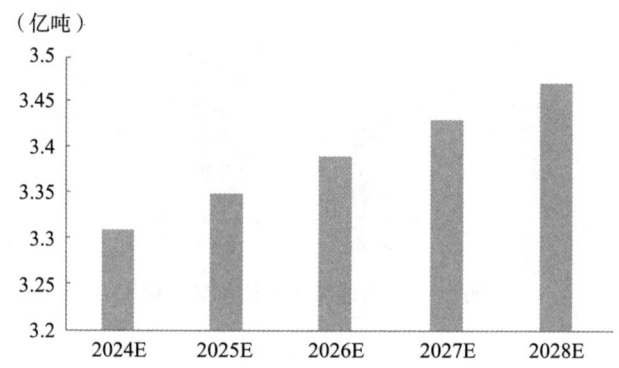

图1-10 全球液化石油气需求预测

资料来源：前瞻产业研究院。

（三）我国液化石油气需求格局

20世纪以来，我国的液化气需求先后经历了快速增长期和平稳增长期，近5年增长率明显回落，但依然保持在每年平均5%以上。其中，化工用液化石油气消费增长最为迅猛。随着天然气的普及，这几年液化石油气的燃烧需求增速明显放缓，但依旧占据总需求的半壁江山。

从细分的消费终端来看，对于燃料用途，民用（包括城镇和农村）占比61%，餐饮业34%，工业（陶瓷、铸造等）5%。而对于化工用途，汽油添加剂原料占比49%，丙烷脱氢生产丙烯占比22%，其他用途占比29%。

从国内消费的地域性来看，华北、华东、华南是国内液化石油气的主要消费地，三地消费总量约占全国的69%。各地液化石油气消费结构存在差异：华北以化工为主，燃料消费仅占区域总消费量的31%；华东结构平衡，区域燃料消费占比为56%；华南以燃料为主，区域燃料消费占比高达83%。

除此之外，我国液化石油气消费还具有以下几个重要特点：

（1）燃料用液化石油气都是混气（纯气可燃烧但不经济），终端民用燃气C3组分在［20%，60%］区间内。对于C3含量低于20%的液化石油气，加气站通过混入纯气C3提高比例。

（2）燃料用液化石油气替代性弱，不能完全被天然气替代，难以替代主要是因为其不依赖管网设施且成本相对较低。

（3）化工用液化石油气可替代性较强，其中石脑油可替代液化石油气作为汽油添加剂的生产原料。

自测题

一、不定项选择题

1. 液化石油气的主要成分是（　　）。
 A. 丙烷和丁烷　　　　　　　　B. 甲烷和丁烷
 C. 甲烷和丙烷　　　　　　　　D. 乙烷和丁烷

2. 液化石油气全球供应量最大的地区是（　　）。
 A. 北美地区　　　　　　　　　B. 亚太地区
 C. 中东地区　　　　　　　　　D. 欧洲地区

3. 我国液化石油气产量最大的地区是（　　）。
 A. 华南地区　　　　　　　　　B. 华东地区
 C. 西北地区　　　　　　　　　D. 东北地区

4. 液化石油气一般不包括（　　）。
   A. 管道运输　　　　　　　　B. 铁路运输
   C. 水路运输　　　　　　　　D. 航空运输
5. 液化石油气的存储库不包含（　　）。
   A. 一级库　　　　　　　　　B. 二级库
   C. 三级库　　　　　　　　　D. 四级库
6. 中国液化石油气进口量中排名前五位的进口国不包括（　　）。
   A. 科威特　　　　　　　　　B. 沙特阿拉伯
   C. 阿联酋　　　　　　　　　D. 美国
7. 一级库的存储工具不包括（　　）。
   A. 冷冻库　　　　　　　　　B. 压力库
   C. 压力罐　　　　　　　　　D. 地下库
8. 液化气的需求发展史在（　　）迎来了工业气改革时代。
   A. 第一阶段　　　　　　　　B. 第二阶段
   C. 第三阶段　　　　　　　　D. 第四阶段
9. 美国页岩油革命开始时间为（　　）。
   A. 2008 年　　　　　　　　　B. 2009 年
   C. 2010 年　　　　　　　　　D. 2011 年
10. 全球液化石油气主要消费区域集中于（　　）。
    A. 亚洲地区　　　　　　　　B. 北美地区
    C. 非洲地区　　　　　　　　D. 欧洲地区

二、判断题

1. 我国液化石油气的主要用途是民用燃烧。　　　　　　　　　　（　　）
2. 欧洲地区的液化石油气产量在全球排名第三位。　　　　　　　（　　）
3. 亚洲地区的液化石油气供应来源以伴生气为主导。　　　　　　（　　）
4. 国内的液化气二级库主要分布在内陆地区。　　　　　　　　　（　　）
5. 管道运输是液化石油气最好的运输方式。　　　　　　　　　　（　　）
6. 浙江省的液化石油气进口量全国最高。　　　　　　　　　　　（　　）
7. 液化石油气使用管道运输时管道内的压力要高于液化石油气的饱和

蒸气压。　　　　　　　　　　　　　　　　　　　　　（　）
 8. 全球液化石油气消费量近几年一直保持增长状态。（　）
 9. 亚洲地区的液化石油气需求以中国为主导。　　　（　）
 10. 国内液化石油气的存储设备主要以冷冻罐为主。（　）

参考答案

一、不定项选择题

1. A 2. A 3. B 4. D 5. D 6. D 7. C 8. D
9. C 10. A

二、判断题

1. 对 2. 错 3. 错 4. 错 5. 对 6. 对 7. 错 8. 错
9. 对 10. 对

第二章

液化石油气期货合约及相关制度

 一、什么是液化石油气期货?

近年来,随着国内液化石油气产量和进口量的大幅增加,我国成为液化石油气第一消费国和进口国。液化石油气既可以用作燃料,也可以用于化工领域,其价格受到国际油价、进出口贸易等因素影响较大,通常波动较为剧烈,而价格的剧烈波动对生产经营产生较大影响(见图2-1)。我国燃料用途的液化石油气具有现货生产及消费企业数量较多、贸易活跃、定价市场化、仓储设施发达等众多特点,具备开展期货交易的必要性和可行性条件。因此在2020年3月30日,液化石油气期货于大连商品交易所上市。

第二章 液化石油气期货合约及相关制度 21

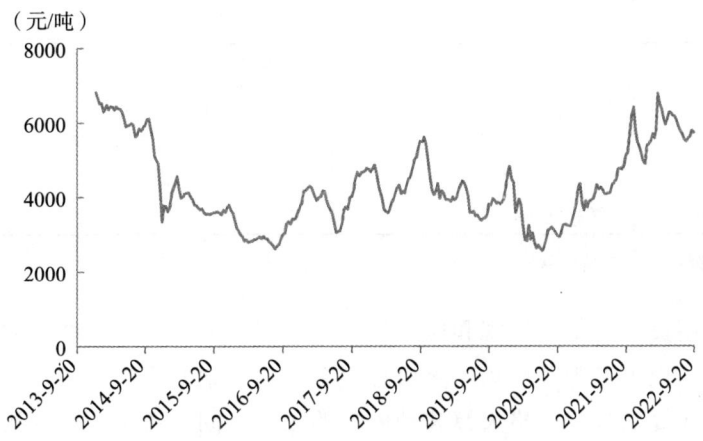

图 2-1 全国液化石油气市场价格

资料来源：Wind、中泰期货整理。

液化石油气期货的代码为 PG，其合约为连续合约，其交易单位为 20 吨/手，报价单位为元/吨，最小变动价位为 1 元/吨，交易所规定的最低交易保证金为合约价值的 5%，相应的涨跌停板为上一交易日结算价格的 ±4%，交易时间为上午 9：00—11：30，下午 13：30—15：00 以及交易所规定的其他交易时间。最后交易日与最后交割日分别为合约月份倒数第 4 个交易日和最后交易日后第 3 个交易日（见表 2-1）。

表 2-1 大连商品交易所液化石油气期货合约

类别	内容
交易品种	液化石油气
交易单位	20 吨/手
报价单位	元（人民币）/吨
最小变动价位	1 元/吨
涨跌停板幅度	上一交易日结算价的 4%
合约月份	1 月、2 月、3 月、4 月、5 月、6 月、7 月、8 月、9 月、10 月、11 月、12 月
交易时间	上午 9：00—11：30，下午 13：30—15：00 以及交易所规定的其他交易时间
最后交易日	合约月份倒数第 4 个交易日
最后交割日	最后交易日后第 3 个交易日

续表

类别	内容
交割等级	大连商品交易所液化石油气交割质量标准（F/DCE PG001-2020）
交割地点	大连商品交易所液化石油气指定交割仓库
最低交易保证金	合约价值的5%

资料来源：大连商品交易所。

由于期货具有价格发现和风险规避的功能，液化石油气期货的上市能够更加直观体现出宏观及市场供求信息等多方面因素所反馈出的价格信息，并能够为企业提供规避价格大幅波动风险的工具，同时还将有助于我国液化石油气市场经济体系的建立和完善。

二、大连商品交易所液化石油气期货合约是怎样设计的？

大连商品交易所主要从商品的交割质量标准、交割方式、交割单位、交割手续费、交易单位、报价单位、最小变动价格、合约月份、涨跌停板制度和其他条款等十个方面出发，结合液化石油气市场的实际情况进行合约设计。

燃料是我国液化石油气应用数量最大的领域，具有产品标准化、行业规范化及贸易活跃度较高等特点，大连商品交易所在合约设计时将LPG期货标准品定位为燃料用。

在液化石油气交割的质量标准上，大连商品交易所深入研究液化石油气国家标准GB11174-2011，该国标主要是对燃料用液化石油气的质量、标志、包装、运输及贮存等方面作了相关要求和规定。在国家标准的基础上，大连商品交易所深入了解燃料用途液化石油气的现货市场情况，并构建了液化石油气期货的质量指标体系；还通过替代品及升贴水的方式将进口纯气、化工用途的液化石油气纳入交割体系中，使得液化石油气市场95%的货源可被纳入交割品的范畴。

在交割上，液化石油气在一次性交割和期转现交割的基础上，在合约设计中增加了滚动交割方式。滚动交割是指企业可以在交割月的第一个交易日至最后交易日前一交易日的交易时间提出交割申请，并按交易所规定程序完成交割的交割方式。滚动交割的方式可促进液化石油气的仓单流转，解决交割月可能面临的库容、货源紧张以及运输困难等问题。除此之外，液化石油气还采用全厂库交割的交割方式，这主要是受到液化石油气市场自身的特点影响。由于我国液化石油气市场暂无第三方仓储企业存在，因此从行业自身特点出发，更加适合采用全厂库交割的方式。

在交割单位和合约交易单位的设定上，考虑到装运槽车的实际装载量以及液化石油气船运装载量，选择装载量的公约数20吨作为液化石油气的交割单位。合约的交易单位则是可以进行期货交易的最小数量，也是期货合约所代表的商品数量，在充分了解液化石油气现货市场的基础上，将液化石油气期货的交易单位设为20吨/手。在实际的交割过程中还涉及交割手续费的问题。交割手续费的设立主要是在保证商品流动性的前提下，防止过度投机带来的不利影响。

在报价单位和最小变动价格上，由于我国液化石油气现货市场的报价单位采用元/吨，因此期货报价单位与现货市场报价单位保持一致。在最小变动价位上，假设液化石油气的价格为4000元/吨，在涨跌停板幅度为4%的情况下，要达到涨跌停板，1元/吨的变动单位需要波动160次，2元/吨的变动单位需要波动80次，5元/吨的变动单位需要波动32次。综合考虑将LPG期货合约的最小变动价位设定为1元/吨。

在合约月份的设定上，大连商品交易所根据液化石油气现货市场的实际特点，将期货合约设置为连续12个月，即1月、2月、3月、4月、5月、6月、7月、8月、9月、10月、11月、12月均为液化石油气期货的交割月份。在合约的其他条款上，液化石油气的交易时间为上午9：00—11：30，下午13：30—15：00以及交易所规定的其他交易时间。最后交易日为合约月份倒数第4个交易日，最后交割日为最后交易日后第3个交易日。

三、大连商品交易所推出液化石油气期货有什么作用?

大连商品交易所推出液化石油气期货,有利于提升液化石油气行业的市场透明度、价格灵敏度和市场的资源配置效率,能够帮助企业规避价格大幅波动的风险,丰富企业的生产经营模式。

期货具有价格发现功能。由于市场参与者会根据其已收集到的信息和基于信息得出的观点进行套期保值、套利或投机操作,因此期货价格能够快速对于宏观及市场供需情况进行反映。液化石油气期货上市后,企业可以通过期货价格了解市场的供需情况,为期货交易和企业经营决策提供参考。另外,企业可以使用期货加减升贴水的方式进行基差贸易。而基差贸易的模式,其实是使用期货为大宗商品现货进行定价,进而利用期货价格发现的功能,提升了企业在实际贸易中的定价话语权。

期货还具有风险规避的功能。大连商品交易所推出液化石油气后,企业可根据自身实际生产经营情况,在期货盘面上进行套期保值操作,有助于企业在生产经营过程中防范原材料和产成品价格大幅波动风险,提升企业在生产经营中的竞争力。

除此之外,液化石油气期货合约的上市还能够规范交割品的质量标准,提升行业价格透明度,降低货品"以次充好"概率,提升市场资源配置效率。

四、液化石油气期货是怎样交易和结算的?

在液化石油气期货的交易上,自液化石油气期货上市后,市场参与者需要经由交易所会员,即期货公司或自营公司会员,开立期货账户,在缴纳一定比例的保证金后可进行期货交易。

在建立液化石油气期货头寸时,可以进行买入开仓操作,也可以进行卖出开仓操作,即期货交易既可以做多也可以做空。在离场时可以通过卖出平仓和买入平仓的方式平掉手中的头寸。除此之外,液化石油气产业企业还可以通过套期保值、基差定价、点价贸易等方式,规避生产经营过程中可能存在的原材料或库存,或产成品价格大幅波动风险。

例如,企业在使用液化石油气期货进行套期保值时,可以在期货合约中卖出套保,锁定产品的生产利润;可通过买入套期保值的方式,降低原材料的采购成本;也可以在企业有液化石油气库存时,通过卖出套期保值的方式,防范库存贬值风险。假设生产企业在生产出液化石油气后,担心未来液化石油气价格下跌,则可考虑卖出套期保值,即在持有一定现货的情况下,通过做空液化石油气期货,防范未来可能出现的液化石油气价格贬值风险。

在结算上,大连商品交易所将根据当日结算价结算所有合约的盈亏、交易保证金及手续费、税款等费用,在日终进行结算。根据结算结果审批会员出金申请,并调整会员资金。结算完成后向会员发送结算数据,根据结算后会员准备金情况,按规则向会员发送追加保证金和追加人民币的通知。

 五、什么是液化石油气期货的保证金制度?

期货实行保证金制度,在期货交易中买卖双方必须按照其所买卖期货合约价值的一定比例缴纳保证金,作为其履行期货合约的财力担保。

在液化石油气保证金的设置上,大连商品交易所会根据合约持仓数量的增加提高交易保证金标准,并向市场公布。此外,根据合约距离交割月的远近、进入临近交割月份后的不同时间段等,最低保证金设置水平都有所区别。

一般月份最低交易保证金应至少可以覆盖一个涨跌停板所带来的风险。根据液化石油气的初始涨跌停板±4%的幅度，大连商品交易所将液化石油气初始保证金设置为5%。

临近交割时，大连商品交易所根据不同时段调整液化石油气期货的保证金比例，从交割月份前一个月的第15个交易日起，提高保证金比例，从交割月份首个交易日起再次提升保证金比例。

六、什么是液化石油气期货的涨跌停板制度？

期货的涨跌停板制度对于稳定我国期货市场秩序、发挥期货市场的功能具有重要意义。

大连商品交易所选取最具代表性的广东地区价格，考察自2015年1月1日至2019年7月28日的液化石油气价格波动情况。通过观察分析发现，在大部分（96%）时间里，液化石油气价格日波动幅度小于4%，因此将涨跌停板幅度设置为±4%，可以确保在绝大部分情况下不会触发停板，不会对价格的正常波动造成影响。交割月份的涨跌停板幅度为上一交易日结算价的±6%。

按照《大连商品交易所风险管理办法》第19条，若第2个交易日出现与第1个交易日同方向单边市，则该合约第3个交易日涨跌停板幅度在第2个交易日涨跌停板幅度的基础上增加2个百分点。第2个交易日结算时，该合约交易保证金标准为在第3个交易日涨跌停板幅度的基础上增加2个百分点。若该合约调整后的交易保证金标准低于第1个交易日结算时的交易保证金标准，则按第1个交易日结算时该合约的交易保证金标准收取。

若第3个及以后交易日出现与第2个交易日同方向单边市，则从第4个交易日开始，涨跌停板幅度和交易保证金标准与第3个交易日一致，直至合约不再出现同方向单边市。

七、什么是液化石油气期货的限仓制度和强行平仓制度?

液化石油气的限仓制度是交易所规定会员或者客户可以持有的、按单边计算的液化石油气合约投机头寸的最大数额,获得套期保值额度的投资者,可以不受持仓限额限制。同一客户在不同期货公司开立的多个交易编码,其交易编码中的持仓总额不得超过一个客户的限仓数额。

大连商品交易所结合液化石油气现货市场实际情况,将液化石油气期货总持仓限额设定为8万手。在液化石油气期货合约交割月份前一个月的第14个交易日之前,若合约的单边持仓量小于等于8万手,则持仓限额为8000手;若合约的单边持仓量大于8万手,则持仓限额为单边持仓量的10%。自交割月份前1个月第15个交易日至该月最后1个交易日期间,持仓限额为1000手;进入交割月持仓限额为500手(见表2-2)。

表2-2　　　　　　　　不同时段液化石油气期货持仓

时间段	非期货公司会员及客户	
一般月份	N>8万手	10%×N
	N≤8万手	8000手
交割月份前1个月第14个交易日后	1000手	
交割月份	500手	

资料来源:大连商品交易所。

液化石油气的强行平仓制度是指当会员、客户违规时,交易所对有关持仓实行平仓的一种强制措施。

当会员、客户出现下列情形之一时,交易所有权对其持仓进行强行平仓:

(1)会员结算准备金余额小于零,并未能在规定时限内补足的;

(2)非期货公司会员和客户持仓量超出其限仓规定的;

(3) 因违规受到交易所强行平仓处罚的；

(4) 根据交易所的紧急措施应予强行平仓的；

(5) 其他应予强行平仓的。

自测题

一、不定项选择题

1. 液化石油气期货的交易单位是（　　）吨/手。
   A. 5　　　　　　B. 10　　　　　　C. 15　　　　　　D. 20

2. 液化石油气期货合约的最后交易日为（　　）。
   A. 交割月倒数第 4 个交易日　　　　B. 交割月的第 5 个交易日
   C. 交割月的第 10 个交易日　　　　　D. 交割月最后一个交易日

3. 液化石油气期货的最后交割日为最后交易日后（　　）。
   A. 第 1 个交易日　　　　　　　　　B. 第 2 个交易日
   C. 第 3 个交易日　　　　　　　　　D. 第 4 个交易日

4. 大连商品交易所还通过替代品及升贴水的方式将进口纯气、化工用途的液化石油气纳入交割体系中，使得液化石油气市场（　　）的货源可被纳入交割品的范畴内。
   A. 85%　　　　　B. 90%　　　　　C. 95%　　　　　D. 100%

5. 滚动交割是指期货合约或标准仓单持有者可以在交割月的第一个交易日至最后一个交易日（　　）的交易时间提出交割申请，并按照交易所规定完成交割的交割方式。
   A. 当天　　　　　　　　　　　　　B. 前一个交易日
   C. 前两个交易日　　　　　　　　　D. 前三个交易日

6. 临近交割时，大连商品交易所根据不同时段调整液化石油气期货的保证金比例，从交割月份前一个月的（　　）起，提高保证金比例，从交割月份首个交易日起再次提升保证金比例。
   A. 第 1 个交易日　　　　　　　　　B. 第 5 个交易日

C. 第 10 个交易日　　　　　　D. 第 15 个交易日

7. 液化石油气期货总持仓限额设定为（　　）。

A. 3 万手　　　B. 5 万手　　　C. 8 万手　　　D. 12 万手

8. 液化石油气期货自交割月份前一个月第十五个交易日至该月最后一个交易日期间，持仓限额为（　　）。

A. 1000 手　　　B. 3000 手　　　C. 5000 手　　　D. 8000 手

9. 液化石油气期货进入交割月持仓限额为（　　）。

A. 100 手　　　B. 300 手　　　C. 500 手　　　D. 800 手

10. 在液化石油气期货合约交割月份前一个月的第十四个交易日之前，合约的单边持仓量小于等于 8 万手，则持仓限额为 8000 手；若合约的单边持仓量大于 8 万手，则持仓限额为单边持仓量的（　　）。

A. 5%　　　B. 10%　　　C. 15%　　　D. 20%

二、判断题

1. 液化石油气期货的代码是 PG。（　　）

2. 液化石油气期货的报价单位为元/吨，最小变动价位为 2 元/吨。（　　）

3. 液化石油气期货品种定位为燃料用。（　　）

4. 滚动交割的方式不能促进液化石油气的仓单流转，解决交割月面临的库容、货源紧张以及运输困难等问题。（　　）

5. 液化石油气期货采用仓库交割。（　　）

6. 交割手续费设立主要是在保证商品流动性的前提下，防止过度投机带来的不利影响。（　　）

7. 大连商品交易所将根据当日结算价结算所有合约的盈亏、交易保证金及手续费、税款等费用，在日终进行结算。（　　）

8. 液化石油气的强行平仓制度是指当会员、客户违规时，交易所对有关持仓实行平仓的一种强制措施。（　　）

9. 液化石油气的限仓制度是交易所规定会员或者客户可以持有的，按单边计算的液化石油气合约投机头寸的最大数额。获得套期保值额度的投资者也受持仓限额限制。（　　）

10. 同一客户在不同期货公司开立的多个交易编码,其交易编码中的持仓总额不得超过一个客户的限仓数额。（　　）

参考答案

一、不定项选择题

1. D　2. A　3. C　4. C　5. B　6. D　7. C　8. A
9. C　10. B

二、判断题

1. 对　2. 错　3. 对　4. 错　5. 错　6. 对　7. 对　8. 对
9. 错　10. 对

第三章

液化石油气期权的相关知识

 一、什么是液化石油气期权？

期权，也称选择权，是指期权买方有权在约定的期限内，按照事先确定的价格，买入或卖出一定数量某种资产的权利。期权涉及的基本要素包括期权的价格、标的资产、行权方向、执行价格等。

期权的价格，又称权利金、期权费、保险费，是期权买方为获得在约定期限内按约定价格购买或出售某种资产的权利而支付给卖方的费用。

标的资产，又称为标的物，是期权合约的标的，也可以是金融资产或金融指标。

行权方向，是指期权买方行权时的操作方向。期权买方的权利可以是买入标的资产，也可以是卖出标的资产。

执行价格,又称履约价格、行权价格,是期权合约中约定的买方行使权利时购买或出售标的资产的价格。

总的来说,液化石油气期权是指买方向卖方支付一定费用(权利金)后拥有在未来一段时间内(液化石油气期权为美式期权)以合约中约定好的价格(执行价格)向卖方买入或卖出一定数量的液化石油气期货合约的权利,但不负有必须买进或卖出的义务。相对应的,当买方行权时,卖方有义务履约。

 二、大连商品交易所液化石油气期权合约是怎样设计的?

(一)液化石油气期权合约(见表 3-1)

表 3-1　　　　　大连商品交易所液化石油气期权合约

类别	内容
合约标的物	液化石油气期货合约
合约类型	看涨期权、看跌期权
交易单位	1 手(20 吨)液化石油气期货合约
报价单位	元(人民币)/吨
最小变动价位	0.2 元/吨
涨跌停板幅度	与液化石油气期货合约涨跌停板幅度相同
合约月份	1 月、2 月、3 月、4 月、5 月、6 月、7 月、8 月、9 月、10 月、11 月、12 月
交易时间	上午 9:00—11:30,下午 13:30—15:00 以及交易所规定的其他交易时间
最后交易日	标的期货合约交割月份前一个月的第 5 个交易日(自 2501 合约起为标的期货合约交割月份前一个月的第 12 个交易日,交易所可以根据国家法定节假日调整最后交易日)
到期日	同最后交易日
行权价格	行权价格覆盖液化石油气期货合约上一交易日结算价上下浮动 1.5 倍当日涨跌停板幅度对应的价格范围。行权价格≤2000 元/吨,行权价格间距为 25 元/吨;2000 元/吨>行权价格≤6000 元/吨,行权价格间距为 50 元/吨;行权价格>6000 元/吨,行权价格间距为 100 元/吨

续表

类别	内容
行权方式	美式。买方可以在到期日之前任一交易日的交易时间，以及到期日15：30之前提出行权申请
交易代码	看涨期权：PG-合约月份-C-行权价格 看跌期权：PG-合约月份-P-行权价格
上市交易所	大连商品交易所

（二）合约条款及说明

《大连商品交易所液化石油气期权合约》显示，液化石油气期权的标的物为液化石油气期货合约，1手液化石油气期权对应1手（20吨）液化石油气期货合约。

最小变动价位是指该期权合约单位价格涨跌变动的最小值，设置较小的最小变动价位，有利于提高报价精度，使期权价格能够及时、有效反映标的期货价格的变动。从已上市期权品种的运行情况来看，通常浅虚值期权合约较为活跃，其价格波动小于标的期货的1/2。因此，液化石油气期权最小变动价位设置为0.2元/吨，占液化石油气期货合约最小变动价格的1/5。

最后交易日是指期权合约可以进行交易的最后一个交易日，到期日同最后交易日。为保证期权买方（卖方）在最后交易日能够顺利行权，同时保证到期日后有充裕的时间对行权获得的期货持仓进行了结，期权最后交易日设定为标的期货合约交割月份前一个月的第5个交易日（自2501合约起为标的期货合约交割月份前一个月的第12个交易日，交易所可以根据国家法定节假日调整最后交易日）。

行权价格间距是指相邻两个行权价格之间的差。液化石油气现货价格主要在2000元/吨至6000元/吨区间波动，大商所采用分段式的行权价格间距。

液化石油气期权是美式期权，买方在合约到期日及其之前的任一交易日均可行使权利。美式期权灵活便利，可以降低期权集中到期对标的市场运行的影响，是国际市场商品期货、期权的主流行权方式。

液化石油气期权交易代码采用PG-合约月份-C/P-行权价格的格式，C代表看涨期权合约类型代码，P代表看跌期权合约类型代码。如PG-

2210-C-5800，代表标的为2022年10月交割的液化石油气期货、行权价格为5800元/吨的看涨期权；如PG-2301-P-5000，代表标的为2023年1月交割的液化石油气期货、行权价格为5000元/吨的看跌期权。

三、液化石油气期权和期货有什么关系？

液化石油气期权交易的标的物是液化石油气期货合约，因此期货合约价格对期权合约中行权价及权利金的确定有着重要影响。此外，期货交易是期权交易的基础。一般来说，当期货交易发展成熟、规则完备后，期权更容易开展，而期权的产生与发展又为期货交易提供了更多可选择的工具，从而丰富和扩大了期货市场。液化石油气期货和期权都属于基本的场内衍生金融工具，都是标准化合约，都在投资、规避风险以及资产管理等业务中发挥着重要作用。但两者之间也有很多不同点。

（一）买卖双方的权利和义务不同

在期货交易中，买卖双方具有对等的权利和义务，而在期权交易中，买方有以行权价买入或卖出期货合约的权利，卖方则有被动履约的义务而没有选择的权利。

（二）买卖双方的盈亏结构不同

在期货交易中，随着期货价格的变化，买卖双方都面临无限的盈与亏。而在期权交易中，买方潜在盈利是无限的，但亏损是有限的，最大亏损为已支付的保证金；相反，卖方的最大收益是保证金，而潜在的亏损是不确定的。

（三）保证金与权利金不同

在期货交易中，买卖双方都承担履约的义务，均要缴纳保证金，但不需要向对方支付任何费用。而在期权交易中，买方需要向卖方支付权利金，但不需要缴纳保证金；卖方则是收取权利金，但同时必须缴纳保证金作为履行义务的担保。

（四）合约了结的方式不同

在期货交易中，买卖双方通过平仓或进行实物交割的方式了结期货交易。在期权交易中，了结合约的处理方式分为平仓、行权和放弃。

（五）合约数量不同

期货合约只有交割月份不同，数量固定而有限，而期权有月份差异，还有不同行权价的看涨、看跌期权合约，而且随着期货价格的变动，还有挂出新的执行价格的期权合约，数量较多。

四、液化石油气期权是怎样交易和结算的？

（一）液化石油气期权的交易

期权交易与期货交易使用相同的交易编码，但由于期权交易相比期货更加复杂，杠杆也比较大，因此期权交易权限需根据交易者适当性规则另行开通。个人客户和法人客户开通期权交易权限均需要满足几个条件：（1）开通交易权限前连续 5 个交易日保证金账户可用资金余额均不低于人民币 10 万元或者等值币。（2）具备期货交易基础知识，了解相关业务规则。（3）具有累计不少于 10 个交易日且 20 笔以上的境内交易场所的期货合约或者期权合约仿真交易成交记录；或者近 3 年具有 10 笔及以上境内场所的期货合约、期权合约或者集中清算的其他衍生品交易成交记录；或者近 3 年内具有 10 笔及以上的认可境外成交记录。（4）不存在严重不良诚信记录、被有权监管机关宣布为期货市场禁止进入者和法律、法规、规章、交易所业务规则禁止或者限制从事期货交易的情形。

图 3-1 为 PG2210 期权报价界面，期权大多采用 T 型报价界面，左侧为看涨期权，右侧为看跌期权，中间按照行权价从小到大排列，可以自行选择月份。上述期权合约为做市商持续报价合约，非期货公司会员和客户可以在非做市商持续报价合约上向做市商询价。对于活跃的合约，做市商将持续报价；对于不活跃的合约，做市商回应询价。

日增仓	涨幅%	理论价	真实杠杆率	溢价率	杠杆比率	隐含波动率	内在价值	看涨	行权价	看跌	内在价值	隐含波动率	杠杆比率	溢价率	真实杠杆率	理论价	涨幅%	日增仓
-10	0.00%	0.0	0.00	28.65	27595.00	65.47%	0.0	C	7100	P	1581.0	0.00%	3.56	-0.58	0.00	0.0	0.00%	----
	0	0.00%	0.0	0.00	26.84	27595.00	0.00%	0.0	C	7000	P	1481.0	0.00%	3.81	-0.58	0.00	0.0	0.00%	----
	0	0.00%	0.0	0.00	25.03	27595.00	0.00%	0.0	C	6900	P	1381.0	0.00%	4.09	-0.58	0.00	0.0	0.00%	----
	0	0.00%	0.0	0.00	23.21	27595.00	0.00%	0.0	C	6800	P	1281.0	0.00%	4.42	-0.58	0.00	0.0	0.00%	----
	0	0.00%	0.0	0.00	21.40	27595.00	0.00%	0.0	C	6700	P	1181.0	0.00%	4.80	-0.58	0.00	0.0	0.00%	----
	0	0.00%	0.0	0.00	19.59	27595.00	0.00%	0.0	C	6600	P	1081.0	0.00%	5.26	-0.58	0.00	0.0	0.00%	----
	0	0.00%	0.0	0.00	17.78	27595.00	0.00%	0.0	C	6500	P	981.0	0.00%	5.82	-0.58	0.00	0.0	0.00%	----
-1	0.00%	0.0	14.10	15.97	27595.00	40.52%	0.0	C	6400	P	881.0	0.00%	6.50	-0.58	0.00	0.0	0.00%	----
-7	0.00%	0.1	46.42	14.15	27595.00	36.62%	0.0	C	6300	P	781.0	0.00%	7.37	-0.58	0.00	0.0	0.00%	----
-4	-50.00%	0.4	138.46	12.34	27595.00	32.61%	0.0	C	6200	P	681.0	0.00%	8.49	-0.55	0.00	0.0	0.00%	----
-41	-87.50%	1.2	372.91	10.53	27595.00	28.49%	0.0	C	6100	P	581.0	0.00%	10.02	-0.54	0.00	0.0	0.00%	----
-373	-86.36%	3.1	301.37	8.73	9198.33	27.43%	0.0	C	6000	P	481.0	0.00%	12.17	-0.50	0.00	0.0	0.00%	----
13	-88.24%	5.0	338.06	7.82	6898.75	25.97%	0.0	C	5950	P	431.0	0.00%	13.59	-0.45	0.00	0.0	0.00%	----
216	-82.35%	7.7	218.70	6.94	3066.11	26.42%	0.0	C	5900	P	381.0	0.00%	15.36	-0.39	0.00	0.0	0.00%	----
158	-78.95%	11.6	174.23	6.06	1724.69	26.12%	0.0	C	5850	P	331.0	35.41%	16.13	0.20	-14.51	341.5	8.84%	10
-368	-72.07%	17.2	123.92	5.20	890.16	26.48%	0.0	C	5800	P	281.0	28.40%	19.15	0.13	-16.48	297.1	6.27%	2
50	-68.15%	24.7	103.01	4.37	551.90	25.99%	0.0	C	5750	P	231.0	25.28%	23.09	0.14	-18.78	254.7	3.73%	-66
134	-58.80%	34.8	75.50	3.60	310.06	26.38%	0.0	C	5700	P	181.0	28.31%	27.46	0.36	-20.77	214.8	4.47%	11
-10	-52.40%	47.8	61.38	2.88	198.53	26.50%	0.0	C	5650	P	131.0	27.57%	34.45	0.53	-23.79	177.8	1.65%	-14
-25	-45.60%	64.3	50.23	2.23	131.40	26.50%	0.0	C	5600	P	81.0	34.42%	38.59	1.12	-23.83	144.3	13.13%	13
-50	-40.60%	84.5	42.79	1.69	92.91	25.94%	0.0	C	5550	P	31.0	27.95%	58.09	1.16	-31.33	114.5	-4.04%	-68

图 3-1 液化石油气期权报价界面

资料来源：文化财经。

目前，液化石油气期权的交易指令有限价指令和限价止损/止盈等指令，限价指令可以附加立即全部成交否则自动撤销（FOK）或立即成交、剩余指令自动撤销（FAK）两种指令属性。为防范错单风险，液化石油气期权暂不提供市价交易指令。

（二）液化石油气期权的了结

液化石油气期权合约的了结方式分为平仓、行权和放弃。平仓是指投资者买入或卖出与其所持有期权合约的品种、数量、月份、类型和行权价格相同但交易方向相反的期权合约，以了结期权持仓的方式。行权是指期权的买方行使权利，从而使期权合约转换为期货合约的了结方式。放弃是指期权合约到期，对没有内在价值不足以抵补交易成本的，买方未申请行使权利的期权了结方式，放弃不收取手续费，但损失全部权利金。

当作为买方行权或作为卖方履约时，应当通过期货公司会员，并以期货公司会员名义在交易所办理。在交易所规定的时间内，买方可提出行权申请或放弃申请，当买方提出行权时，期权卖方应按照合约规定的行权价格买入或卖出约定数量的液化石油气期货合约。在到期日结算前，若买方未在规定时间内提交行权或放弃申请，实值期权将自动行权。当行权价格小于当日标的期货合约结算价的看涨期权持仓自动行权；当行权价格大于当日标的期货合约结算价的看跌期权持仓自动行权；其他期权持仓视作自动放弃。

期权合约结算价的确定方法为：

在非最后交易日，期权结算价是根据隐含波动率确定各期权合约的理论价。

在最后交易日，期权合约结算价计算公式为：

看涨期权结算价 = Max（标的期货合约结算价 − 行权价格，最小变动价位）

看跌期权结算价 = Max（行权价格 − 标的期货合约结算价，最小变动价位）

五、液化石油气期权有哪些优缺点？

（一）液化石油气期权的优点

第一，液化石油气期权是以液化石油气期货合约为标的，作为一种风险管理工具，不仅可以用来为现货保值，也可以为液化石油气的期货业务进行保值。

第二，投资者通过买入液化石油气期权为现货或期货进行保值时，只需支付一定的权利金，不用担心追加保证金及被强平的风险；而投资者通过卖出期权，可以降低持仓成本或增加合约收益。

第三，与期货相比，液化石油气期权的盈亏是不对称的，作为期权的买方承担的风险是有限的，最高亏损即为全部权利金，而受益理论上是无限的。

第四，液化石油气期权可以为投资者提供更多的投资机会和投资策略。在期权交易中，无论是期货价格处于牛市、熊市或盘整，均可以为投资者提供获利的机会。期权的交易策略既可以基于期货价格的变动方向，也可以基于期货价格波动率进行交易。

第五，期权可以为投资者提供更大的杠杆。特别是到期日较短的液化石油气虚值期权，与期货保证金相比，用较少的权利金就可以控制同样数量的合约。

（二）液化石油气期权的缺点

1. 期权有期限和执行价格的限制，可操作空间小

期权有固定的到期日和行权价格，交易者只能在有限的合约中挑选，不能选择合适的点位挂单。

2. 流动性有限

场内期权工具较期货相比较为小众，参与者少，缺乏流动性，经常会出现买方和卖方价格之间有较大偏差的情况。

3. 期权较为烦琐

金融知识较少的投资者对期权的理解会较为困难，且操作不够简易。

六、液化石油气期权是如何定价的？

液化石油气期权的理论价格由内涵价值和时间价值组成。期权的内涵价值是指在不考虑交易费用和期权费的情况下，买方立即执行期权合约所获取的收益。根据内涵价值的不同，期权分为实值期权、虚值期权和平值期权。内涵价值大于 0 的期权是实质期权，等于 0 的为平值期权，小于 0 的为虚值期权。期权的时间价值是指在期权有效期内，标的资产价格波动为期权持

有者带来收益的可能性所隐含的价值，波动率越高，期权的时间价值就越大。

期权定价的过程，是根据影响期权价格的因素，通过适当的数学模型，去分析模拟期权价格的市场变动情况，最后获得合理理论价格的过程。而期权定价模型主要是基于无套利均衡定价理论，基本思想是指如果市场上存在无风险的套利机会，那么市场处于不均衡状态，套利的力量会推动市场重新均衡，而套利机会消除后的均衡价格即是市场的真实价格。

二叉树模型是由约翰·考克斯（John C. Cox）、斯蒂芬·罗斯（Stephen A. Ross）和马克·鲁宾斯坦（Mark Rubinstein）等人提出的期权定价模型。该模型不但可对欧式期权进行定价，也可对美式期权、奇异期权以及金融产品进行定价，思路简洁，应用广泛。基本出发点在于：假设资产价格的运动由大量的小幅度二值运动构成，用离散的随机游走模式模拟资产价格的连续运动可遵循的路径；同时运用无套利定价原理或风险中性定价原理获得每一个结点的标的资产的价格，再根据期权的盈亏情况，从末端 T 时刻起，在已知现金流终值的情况下倒推计算期权价格的现值。

假设到期日为 T、执行价格为 K 的看涨期权的液化石油气期货在 0 时刻的价格为 S_0，假设 T 时刻，液化石油气的价格变化只有两种可能：一是上涨到 uS_0（>1），此时期权价值为 $C_u = Max（0，uS_0 - K）$；二是下跌到 dS_0（$d<1$），对应的期权价值为 $C_d = Max（0，dS_0 - K）$（见图 3-2）。

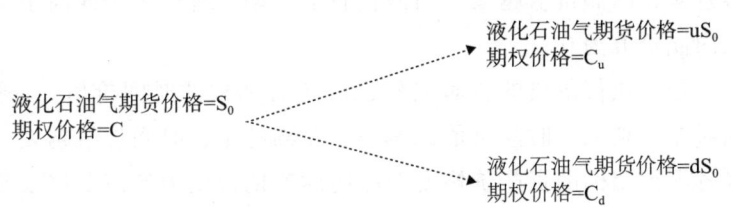

图 3-2 液化石油气价格变化

该液化石油气看涨期权的定价公式为：

$$C = e^{-rT}[pC_u + (1 - P)C_d]$$

其中，p 被称为"风险中性概率"，计算方式如下：

$$p = \frac{e^{-rT} - d}{u - d}$$

由单步二叉树模型可推演出两步二叉树及多步二叉树模型，在第一个时间间隔末 T 时刻，液化石油气期货价格仍以 u 或者 d 的比例上涨或者下跌。如果其他条件不变，则在 2T 时刻，液化石油气有 3 种可能的价格。当步数为 n 时，nT 时刻液化石油气期货价格共有 n + 1 种可能，故步数比较大时，二叉树模型更加接近现实的情形。

七、影响液化石油气期权价格的主要因素有哪些？

（一）液化石油气期货价格与执行价格

期货价格与执行价格的相对差额决定了期权的内涵价值。对于看涨期权来说，当液化石油气期货价格高于执行价格时，期权具有内涵价值，高得越多，内涵价值越大，当液化石油气期货价格低于执行价格时，期权内涵价值为 0。看跌期权则恰恰相反，期货价格比执行价格越低，期权具有内涵价值，低得越多，内涵价值越大，当液化石油气期货价格等于或高于执行价格时，期权内涵价值为 0。

期货价格与执行价格的相对差额也决定着期权的时间价值。一般来说，两者的相对差额越大，时间价值就越小，差额越小，时间价值越大。时间价值是投资者因预期标的资产价格变动能使虚值期权变为实值期权或使实值期权内涵价值变得更大而付出的代价，当期权处于深度实值或深度虚值时，期货价格变动使内涵价值继续增加的可能性很小、内涵价值减小的可能性越大，因此，投资者往往不愿意支付更高的时间价值。

（二）液化石油气期货价格的波动率

在其他因素不变的情况下，液化石油气价格波动率越高，就表示期货价格涨至损益平衡点之上或跌至损益平衡点之下的可能性和幅度就越大,期权买方获得较高收益的可能性增加,期权卖方所面临的风险越大,因此,期权价格越高。

(三) 期权合约的有效期

期权合约的有效期是指距期权合约到期日剩余的时间。对于液化石油气期权来说,有效期越长的期权合约包含的执行机会越多,且时间越长,期货价格向买方所期望的方向变动的可能性就越大,潜在的获利可能性越大,期权价值越高。相反,有效期越短,价格波动的空间变小,执行机会变少,期权的价格也就越低(见表3-2)。

表3-2　　　　　　　　液化石油气期权价格影响因素

影响因素	影响方向	看涨期权价格	看跌期权价格
液化石油气期货价格	上涨	↗	↘
	下跌	↘	↗
执行价格	上涨	↘	↗
	下跌	↗	↘
液化石油气期货价格的波动率	上升	↗	↗
	下降	↘	↘
期权合约的有效期	增加	↗	↗
	减少	↘	↘

资料来源:中泰期货研究所整理。

自测题

一、不定项选择题

1. 液化石油气期权是指买方向卖方支付(　　)后拥有在未来一段时间内以(　　)向卖方买入或卖出一定数量的液化石油气期货合约的权利。

A. 权利金　　B. 执行价格　　C. 标的价格　　D. 结算价

2. 我国液化石油气期权属于（　　）。

A. 欧式期权　　B. 美式期权　　C. 百慕大式期权　　D. 亚式期权

3. 下面代表 2023 年 1 月交割的液化石油气、行权价格为 5000 元/吨的看涨、看跌期权分别是（　　）。

A. C - 2301 - PG - 5000　　　　　B. PG - 2301 - C - 5000
C. P - 2301 - PG - 5000　　　　　D. PG - 2301 - P - 5000

4. （　　）的交易对象主要是标准化期货合约。

A. 期货交易　　B. 现货交易　　C. 远期交易　　D. 期权交易

5. 下列属于液化石油气期货和液化石油气期权不同点的选项是（　　）。

A. 买卖双方的权利和义务不同　　B. 买卖双方的盈亏结构不同
C. 保证金与权利金不同　　　　　D. 合约了结的方式不同

6. 液化石油气期权合约的了结方式分为（　　）。

A. 平仓　　B. 行权　　C. 放弃　　D. 交割

7. 液化石油气期权的理论价格由（　　）和（　　）组成。

A. 内涵价值　　B. 时间价值　　C. 波动率价值　　D. 标的价值

8. 对于看涨期权来说，当液化石油气期货价格高于执行价格时，期权具有（　　），高得越多，（　　）。

A. 内涵价值，内涵价值越小　　B. 时间价值，时间价值越小
C. 内涵价值，内涵价值越大　　D. 时间价值，时间价值越小

9. 在其他因素不变的情况下，液化石油气期货价格上涨，对应看涨期权价格（　　）。

A. 下跌　　　　　　　　　　　　B. 不变
C. 上涨　　　　　　　　　　　　D. 先下跌后上涨

10. 对于买入看跌期权来说，净损益特点是（　　）。

A. 净损失不确定
B. 净损失最大值为期权价格
C. 净收益最大值为执行价格减期权费
D. 净收益潜力巨大

二、判断题

1. 期权，也称选择权，是指期权买方有权在约定的期限内，按照事先确定的价格，买入或卖出一定数量某种资产的权利。（　　）

2. 对于期货看涨期权，当期货合约市场价格高于其行权价格时，期权为虚值期权。（　　）

3. 期权卖方无须缴纳保证金。（　　）

4. 客户进行商品期权交易，使用与期货交易相同的交易编码。（　　）

5. 美式期权和欧式期权的区别主要是交易地域不同。（　　）

6. PG－2210－C－5800，代表标的为2022年10月交割的液化石油气期货、行权价格为4900元/吨的看涨期权。（　　）

7. 如果期权的内在价格等于0，则其时间价值等于期权价格。（　　）

8. 期权价值就是指期权到期日的价值。（　　）

9. 当期权的执行价格等于标的物价格时，该期权为平值期权。（　　）

10. 期权交易既具有现货交易的保值功能，又具有对期货头寸的保值功能。（　　）

参考答案

一、不定项选择题

1. AB　　2. B　　3. BD　　4. D　　5. ABCD　　6. ABC　　7. AB
8. C　　9. C　　10. BC

二、判断题

1. 对　　2. 对　　3. 错　　4. 对　　5. 错　　6. 错　　7. 对
8. 错　　9. 对　　10. 对

第四章

液化石油气价格影响因素

  一、影响液化石油气价格的主要因素有哪些？

影响液化石油气（LPG）价格的因素有很多，主要可以分为三大类。

一是宏观因素，包括各国的能源政策以及宏观经济政策。能源政策包括各国清洁能源替代、减排、环境保护的一些政策；宏观经济政策则包括货币政策和财政政策。

二是基本面因素，总体可以分为供、需、存三个方面。供给因素主要包括成本（进口成本和生产成本）、炼厂开工率以及运输影响所带来的地区间供给差异。需求因素主要包括民用燃烧需求和化工需求两个大部分：燃烧需求的影响因素包括季节性因素和替代性因素；化工需求的影响因素主要包括产业生产利润以及其他生产工艺所带来的替代性。存储因素主要包括液体化工存储量以及存储成本两个方面。

三是市场博弈，主要包括情绪博弈和资金博弈。

从周期的角度来说，这三类影响因素依次为长期影响、中期影响、短期影响。宏观因素本身会对基本面因素造成影响，基本面因素也会影响博弈因素，而博弈的过程又会影响投资者对宏观及基本面的预期。

二、宏观因素对液化石油气价格有什么影响？

我们通常说的大宗商品影响的宏观因素指的是宏观经济，宏观经济作用于包括 LPG 在内的整个大宗商品。宏观经济周期主要包括衰退期、复苏期、过热期、滞胀期，但各国通常使用货币政策来进行逆周期调节，进而改变经济周期。

衰退期——经济增长停滞，超额的生产能力和下跌的大宗商品价格驱使通货膨胀率更低。对于 LPG 来说就是供给充裕，利润空间小，需求疲软，价格低位。通常在这个时候会出现降息的舒缓政策。

复苏期——舒缓的政策起了作用，经济增长开始加速，通货膨胀继续下降，因为空置的生产能力还未耗尽，周期性的生产能力扩充也变得强劲。此时 LPG 的下游需求开始得到恢复，但上游供给依旧充分，价格跌势放缓。这一时期央行通常会保持宽松政策。

过热期——企业生产能力增长减慢，开始面临产能约束，通胀抬头；央行加息以求将经济拉回到可持续的增长路径上，LPG 供给扩张有限，需求快速放大，价格大幅上涨。

滞胀期——经济增长开始下滑，但通胀继续上升，企业为了保持盈利提高产品价格，导致价格螺旋上涨。

衡量经济主要有两个重要指标——国民生产总值以及人均收入。全球 GDP 是某一年度全球生产的所有货物和服务的价值的总和。投资者可以关注全球 GDP 中的特定部分，以此来预测世界经济是否会有强劲的增长动力。

人均收入的增长将导致商品需求的增加。

在经济调节过程中,货币政策带来的影响主要有两个方面:一是释放货币调节经济周期,使得经济向好发展;二是本身货币量增加,导致货币贬值,物价上涨。大宗商品作为一种重要的经济实物,和其他商品一样,自然会受到货币政策的影响。而大宗商品又是一种国际化的商品,在国际上的价格自然就受到目前最主流的国际货币——美元的影响。

2020 年新冠疫情之后,美联储释放的美元数量超过了自有美元以来到 2008 年之间发行数量的总和。过度发行的美元刺激了大宗商品的价格,从 2020 年 4 月新冠疫情以来,大宗商品普遍走出一轮上涨行情。

三、原油价格是怎样影响液化石油气价格的?

原油作为 LPG 的上游,是 LPG 成本当中最为重要的部分,因此原油对于 LPG 价格的影响是决定性的。从 LPG 的供给来看,一方面,来源于油气开采的伴生气,其供给量与原油开采量直接相关,因此其定价也跟原油价格高度相关,几大原油供给地形成了 LPG 价格的几种重要指数。国际上比较重要的定价指数主要有三种:CP 官价、MB 现货价、FEI 报价,三大报价长期来看与原油价格走势相关性较高。另一方面,炼厂气占 LPG 的供给量同样较大,而炼厂气是在原油加工的过程中得到的,属于炼油的副产品,因此 LPG 的供给量又与原油的加工量息息相关。由于以上两个方面关联性的存在,原油价格对 LPG 价格有着决定性影响。

延伸阅读

CP 官价由沙特阿拉伯阿美石油公司每月月底进行公布,属 FOB 价格。沙特阿拉伯阿美石油公司在公布之前会参考市场部分买家建议,并结合对应纸货价格与原油走势。我国万华化学是国内少数具有 CP 推荐权的公司之一。目前沙特阿拉伯几乎90%以上的LPG均以长约形式销售，定价公式为CP+升贴水，其余中东厂商也会参考CP为其货物定价。同时，由于我国进口LPG的一大部分均来自中东地区，故CP价格对我国进口气的价格形成至关重要。

MB现货价是北美地区常用的定价标准，每日由OPIS（Oil Price Information Service）进行发布，反映了美国本地的LPG价格。由于MB地处德州南部，故计算FOB价格时还需考虑期间的运输与灌装成本，包括管道费、码头操作费，两者相对LPG单价占比较大且可能出现较大的波动。

FEI报价是Argus与普氏共同发布的系列报价，频率为日度，主要包括CFR日本、CFR远东、CFRARA等，是日、韩地区的主流报价，由Argus根据未来25—40天到岸的LPG平均成本计算所得，其掉期是全球交易量最大的LPG掉期合约，每年约有4000万吨现货使用FEI指数定价。值得注意的是，FEI价格不同于前两者，为到岸价，因此，部分规避了运费波动的风险。

四、国内外运输对液化石油气价格有哪些影响？

LPG运输的最大特点是：运输要求较高，费用较高。

从国际运输来看，国际海事组织（IMO）制定的《液化气体船国际气体规则》（IGC规则）明确规定了液化气船适载的液化气货品的定义：温度在37.8℃时，饱和蒸汽压力超过0.28MPa（绝对压力）的液态物质及理化性质和这些液化气体相近的其他货品。

IGC规则中的液化气货品有32种，但在液化气海上运输中，最常见、运输量最大的是作为能源用的液化天然气LNG和液化石油气LPG两种。为了便于运输和贮存，通常采取对LPG加压或冷却两者兼施的方法，将其液化成液体。

从其定义与要求可以看出，将 LPG 液化进而运输对船的要求极高，这也导致了 LPG 的运量相对较小以及费用较高的特征，进而导致全球各地区的 LPG 价差非常大。在一些特殊时期，某些缺气的地区无法通过增加海外订单来快速补充 LPG。

国内的运输也面临类似的情况，各地区之间的价差往往很大，但套利空间不足，因而价差难以被填平。地区间价差较大给期货盘面定价增加了难度。通常，当某一地区呈现卖方市场，货物供不应求，期货市场在情绪带动下容易产生溢价；当某一地区呈现买方市场，货物供大于求，若配合厂库注册仓单，期价将偏向于此地区定价。

> **延伸阅读**
>
> （一）早期的 LPG 运输（20 世纪 20 年代）
>
> 20 世纪 20 年代以来液化的丙烷和丁烷已由公路和铁路运输。同一时期，也改装过旧船，在甲板上安放压力容柜来储运丙烷和丁烷。
>
> （二）全压式 LPG 运输（20 世纪 30 年代至 50 年代）
>
> 世界上第一艘专用的 LPG 全船是英制"阿克尼塔"（Agnita）号，该船设计建造于 1934 年，能装载少量的丁烷和硫酸，货物装在无绝热层的压力容器舱中，在环境温度下，工作压力为 0.50MPa，这个工作压力等于最大可能的环境温度下的货物蒸发压力（劳氏船级社认为 45℃）。"阿克尼塔"的营运状态良好，但在 1941 年被鱼雷击中沉没。一艘同型的姐妹船随后在英国被建造出来，但技术上没有新的进展。第二次世界大战后，美国于内陆和沿海水域在驳船上装载丁烷，1946 年在密西西比河的驳船上装运压力丙烷。
>
> 20 世纪 40 年代末到 50 年代初，欧洲沿海地区国家之间的 LPG 运输经济效益不断提升，丁烷和丙烷在民用和工业用途的增长促进了小型液化气船的专用船设计。整个 50 年代期间，LPG 和类似的化工产品都是采用常温条件下全压式运输。
>
> 全压式船特点：（1）结构简单，运输容易；（2）液化气船液舱柜重

量大；(3) 液舱柜容积的利用率较差；(4) 液货柜很少超过 600 立方米，加工工艺和焊接技术存在困难；(5) 液货柜数多；(6) 连接管系变得更加复杂。

(三) 半压式 LPG 运输 (20 世纪 50 年代后期)

LPG 的冷却：液货通过冷却后降低饱和压力，其比重也就增加。液货压力降低后，液货柜钢材厚度和重量相应减轻，对一艘船来说无疑就增加了有效载重量。

但其存在两个技术问题：(1) 使用的钢材在低温下要有良好的延展性；(2) 液舱柜需有良好的绝热性能，同时在船上必须设置维持低温的装置，防止液舱内压力超过设计定值。开拓这个技术领域的先驱是英国壳牌公司的技术经理卢伯格，他在全压式的液化船上用其中一个液舱柜做绝热和制冷的试验，取得了用制冷技术运输 LPG 的经验。

早期半压式的 LPG 船：(1) 其总容积大多在 5000 立方米以下；(2) 液货舱柜结构都是用碳钢制造，能适应 -5~10℃、0.5~0.9MPa 压力下装运液货的要求；(3) 共同特点是装有再液化装置，使液货维持在规定的温度和压力限度内进行储运；(4) 目前大多数半压式的 LPG 船都能载运半制冷 -10℃ 液货，或全制冷 -48℃ 的液货。

(四) 全冷式 LPG 运输 (20 世纪 60 年代)

1962 年，第一艘全制冷式 LPG 船 "BridgostonMaru" 号建成。它有 4 个镍钢棱柱式 A 型独立液货柜，总舱容为 28875 立方米。这艘船是纽约亨利公司利用肯契 (conch) 国际甲烷技术设计，由日本三菱重工业株式会社在长畸 (Yokohama) 船厂于 1962 年建成的。

全制冷运输方式一个重要的新课题是：在非常低温下装运液化气，存在液化气一旦从液舱中漏泄而蔓延到周围的船体结构，会引起钢材脆效应的可能性。全制冷式的液化船设计时，增加了第二道屏壁。1964 年欧洲也制成第一艘制冷式 LPG 船投入营运，容量 25000 立方米。

五、下游需求变化是怎样影响液化石油气价格的？

供需决定价格，需求端的变化对于 LPG 的价格同样起着决定性作用。从需求结构来看，LPG 的需求整体可以分为两个部分：一是燃烧需求；二是化工需求。燃烧需求又可以分为民用燃烧需求以及工业用燃烧需求；化工需求主要分为两种：PDH 丙烷脱氢制丙烯，以及通过烷基化、MTBE 制成品油添加剂。

燃烧需求当中，民用燃烧需求相对比较稳定，不轻易随经济环境的变化而变化，但长期来看，随着天然气的普及，这部分需求将持续减少。商用需求主要是餐饮，会随着居民餐饮消费量变化而变化。需要注意的是，商用需求与餐饮消费结构密切相关，同样的消费额度下，中低端消费比重越大，LPG 需求量越大。工业需求方面主要是冶炼，这部分需求与宏观经济相关性更强。

化工需求成为近几年 LPG 的主要增长点，所占的比例也在逐渐增加。

PDH 制丙烯：丙烯是世界上产量最大的化工品之一，也是重要的化工基础原料之一。PDH 制丙烯占据 LPG 需求量的比重正越来越大，因此其对 LPG 价格的影响也越来越大。丙烯的制作工艺主要有两种——传统工艺以及 On-Purpose 工艺。其中，传统工艺为油制丙烯，主要分为催化裂化和蒸汽裂解两种，丙烯作为副产品出现。On-Purpose 工艺包括丙烷脱氢 PDH、烯烃歧化、MTP 等。从经济性来说，传统工艺分摊装置折旧较少，成本相对较低，而 On-Purpose 工艺需要衡量原材料之间的成本、操作费用等。

丙烷脱氢是近年来发展较快的工艺路线，有效补足了丙烯产量。PDH 产业链中，主要原料为丙烷，与气分装置分离的丙烷相比，PDH 需要的丙烷纯度更高。根据 1.18 吨丙烷生产 1 吨丙烯计算，加工费用为 1200 元/吨，丙烷价格对于 PDH 生产丙烯成本占比更大，根据过去数年的测算，丙烷价格对于丙烯成本的占比平均值达到 77% 以上。所以，PDH 产业链中的丙烷价格，对于 PDH 产业链的影响是最大的。

PDH 使用的丙烷为进口丙烷，目前，全球进口丙烷主要来自中东和北美，均产自天然气副产。目前，全球丙烷的定价，95% 以上采用沙特阿拉伯阿美 CP + 升贴水的方式，CP 价格参照原油价格波动，以及参照沙特阿拉伯阿美公司的月度合同订货量。也就是说，中国 PDH 产业链中进口的丙烷价格，将会受到原油价格和沙特阿拉伯阿美公司订货量的影响。

调油市场：炼厂催化装置生产的催化气是 LPG 当中组分较全且分离较早的气体之一。因为这部分气体当中含有丙烯，市场又称为丙烯原料气。其中异丁烯组分与甲醇反应进一步产生 MTBE。

气体分离装置与 MTBE 装置基本是炼厂装置配套的常规装置，两套装置将 LPG 中的丙烯组分以及异丁烯组分分离后应用，进一步生产化工产品与汽油原料。

随着国内工艺技术的进步以及国内油品市场的发展，市场对于 MTBE 装置副产的醚后碳四资源出现了进一步的应用。芳构化装置应运而生。芳构化装置通过对醚后碳四为原料进行应用生产芳构化油，成为汽油原料的一种。

而 2010 年后国内油品质量升级提升较快，装置技术发展也更为迅速。烷基化装置进入 LPG 烯烃深加工的队伍。

烷基化油是用 LPG 中的异丁烯与 1 - 丁烯、2 - 丁烯、异丁烯反应生成异辛烷，与传统裂解油相比，辛烷值高（RON 为 92.9 ~ 95，MON 为 91.5 ~ 93），敏感度好，蒸气压低，沸点范围宽，不含芳烃；硫和烯烃的饱和烃，是理想的高辛烷值清洁汽油成分。简单来说，就是烷基化油相比普通汽油含硫量低、辛烷值高、燃烧热值高。

因此，LPG 下游调油市场的需求很大程度上取决于成品油市场的需求情况。醚后碳四与民用气有一定的相互替代性，当成品油需求旺盛时，两者价格通常相互影响较小，但当成品油市场需求较差时，醚后气体会流向民用气市场，挤压民用气价格，而醚后气体"不好烧"，其价格可能会大幅低于民用气，其本身也符合交割标准，就可能会对期货盘面造成较大影响。

六、存储对液化石油气价格有哪些影响？

液化石油气作为液体化工，其价格的变化受存储的影响会更大一些。液体化工的整体储量通常是一定的，其对于存储条件要求较为严格。而 LPG 常温常压下是气体，对于存储的要求就更高。对价格的影响因素有：存储量是有一定限度的，市场难以通过存储平衡供需，季节性影响等。由于大的贸易签约多为长协，因此需要长期维持安全库容以接收 LPG，炼厂也需要一定的库容来保证炼油装置正常运行。在市场供大于求时，首先要保证自家库容安全，只能通过不断降低价格去库存，市场容易出现超跌的情况；当市场供不应求时，由于市场存量有限，短时间内供给难以增加，价格就会持续上涨，市场容易在很短的时间内放大紧缺性，造成价格上涨。LPG 极难存储的特征使得其价格的波动性增加，易出现大涨大跌。

七、季节性因素是怎样影响液化石油气价格的？

整体来看，受季节性需求变化影响，LPG 价格变动有一定的规律。通常，LPG 价格从当年第三季度开始逐步攀升至次年 1 月；3 月后气温逐渐回升，LPG 需求量明显下降，价格下降。所以气温的周期性变化引起终端需求量的变化，进而影响和反映到气价走势上。此外，节假日供需变化也可能会产生短暂的影响。

成品油本身也具有一定的季节性，夏季为出行的高峰期，需求旺盛，而冬季需求相对较差，因此，一定程度上形成供需错配。炼厂的主要利润来自成品油，液化气仅为副产品，因此不会过多考虑这方面收入。夏季炼厂会提高开工率，以增加成品油供应，副产品 LPG 产量被动增加，供给增加需求减少，形成供需错配，价格往往较低。而冬天炼厂开工率下降，减少成品油供应量，但 LPG 需求量较大，供给减少需求增加，价格往往较高。同时由于 LPG 是液体化工，对存储要求较高，因此其季节性难以通过存储而抵消。尽管季节性只是影响 LPG 价格的一个因素，但其影响是显著的。例如，夏季因种种原因，原油价格强势，此时 LPG 价格虽然也会受原油上涨，但幅度将小于原油，这就是季节性因素的体现。

八、炼厂产业加工利润对液化石油气价格有哪些影响？

一般来说，北方地区的液化石油气价格高于南方地区，此时北方地区炼厂参与期货市场难度相对较大，其对于 LPG 期货价格影响较小。但因为 LPG 仅为炼厂的副产品，所以炼厂对于其价格、利润并不敏感，当炼厂开工率较高、储罐受限时，为保证炼油，通常会选择低价去库存。如果北方地区整体面临这个情况，就会出现北方地区价格明显低于南方，交割市场上就会出现大量炼厂气。受制于地域以及气体质量等原因，通常市场不愿接受炼厂气，市场价格将会偏向炼厂定价，甚至出现超跌的情况。所以炼厂对于 LPG 价格的影响也十分重要，值得重点关注。

炼油厂生产多种石油产品，它们的价格主要受市场控制。一个标准的炼油厂可以产出的产品非常多，所以计算其生产利润非常复杂，但整体上可以分为两个部分：一类是成品油，是利润贡献的主要部分，包括汽油、柴油、燃料油等；另一类是一些特殊产品，种类虽然较多，但是总吨数较少，包括一些溶剂、润滑油和一些其他特殊制品。炼油厂在计算利润时通常只会考虑成品油的利润。成品油的利润决定了炼厂的开工率，而开工率又决定了 LPG 炼厂端的供给量。

九、替代品天然气价格是如何影响液化石油气价格的？

液化气和天然气，尤其是液化天然气（LNG），二者在需求端、供给端、运输端都有很强的替代性。由于天然气体量相较于液化气来说大得多，因此，通常是天然气的价格带动液化气的价格变化，二者从中长期来看相关性较强。天然气对液化气价格的影响，需要从其替代性来看，替代性主要考虑二者的使用性和经济性特征。

（一）使用性

用天然气替代包括液化气在内的一些传统能源是国家发展的长期趋势，但能源的替代需要时间。一方面，是天然气的相关基础设施建设，包括码头、专用船只、城市管网等；另一方面，天然气作为清洁能源价格本身相对较贵，因此也需要考虑国民经济整体是否可以承受。为发展使用天然气，我国出台了诸多相关政策（见表4-1）。

表4-1 天然气相关政策

文件名称	发文时间	发文部门	主要内容
《关于完善进口液化天然气接收站气化服务定价机制的指导意见》	2022年1月1日	发展改革委	气化服务价格是指接收站向用户提供将液化天然气进行气化处理及相关必要服务所收取的费用，包括液化天然气接卸、临时存储、气化等相关费用。其中，临时存储期限原则上不超过45天，具体由各地结合实际情况确定
《液化天然气船舶夜间靠泊码头安全作业操作手册》	2021年11月1日	水运局	液化天然气船舶和码头：应加强对夜间风、浪、流、潮位等作业环境条件和雷暴等夜间恶劣天气监测，并持续监测缆绳张力，加强对船舶状态的观测，预防船舶发生横移或前后位移，保持装卸臂在其工作范围内作业

续表

文件名称	发文时间	发文部门	主要内容
《液化天然气码头设计规范》	2021年9月1日	交通运输部	对液化天然气码头设计环境条件进行了修订。删除了进出港航行阶段的设计环境条件,增加了浮式储存再气化装置和浮式储存装置在码头系泊时的设计风速条件。同时,参照国际航运协会的有关指南,对液化天然气船舶或装置装卸作业的允许运动量进行了修订
《关于加快推进天然气储备能力建设的实施意见》	2020年4月1日	国家发改委、财政部、自然资源部、住建部、国家能源局	优先建设地下储气库、LNG接收站和重点地区规模化LNG储罐,鼓励现有LNG接收站扩大储罐规模。发挥LNG储罐宜储宜运、调运灵活的特点,推进LNG罐箱多式联运试点示范,多措并举提高储气能力
《关于印发〈整船载运液化天然气可移动罐柜安全运输要求(试行)〉的通知》	2020年7月1日	交通运输部	LNG罐柜船舶靠泊码头,与其他货类船舶间净间距,海港不小于200米,河港不小于150米,LNG罐柜港口作业区边缘线与有明火及散发火花的建(构)筑物及地点的防火间距不小于80米
《关于深入推进水运行业应用液化天然气的意见(征求意见稿)》	2018年8月1日	水运局	推进LNG码头建设。围绕建立长期稳定的天然气产供储销体系要求,积极推进沿海尤其是环渤海地区LNG码头建设,加快内河LNG码头建设,提升LNG接卸和转运能力
《船舶载运危险货物安全监督管理规定》	2018年7月1日	交通运输部	对载运散装液化天然气船舶进出港口和在港停泊、作业时应当采取的安全保障措施作出了规定
《加快推进天然气利用的意见》	2017年6月1日	国家发改委	提出充分认识加快推进天然气利用的重要意义,加快推进天然气利用,提高天然气在一次能源消费中的比重,构建清洁低碳、安全高效的现代能源体系

资料来源:观研报告网:《中国液化天然气行业发展深度研究与投资前景分析报告(2022—2029年)》。

(二)经济性

LPG和LNG经济性的比较则更为直观,价差在一定范围内上下波动,表明二者替代性较强。但由于二者终端设备、使用条件等差异的存在,价格协同变化的周期较长。

自测题

一、不定项选择题

1. 液化石油气的主要影响因素包括（　　）。
   A. 宏观经济因素　　　　　　B. 原油价格
   C. 季节　　　　　　　　　　D. 成品油需求量

2. 液化石油气基本面因素整体可以分为（　　）几个部分。
   A. 液化气的供给　　　　　　B. 液化气的需求
   C. 液化气的储存　　　　　　D. 液化气期货的 K 线走势

3. 宏观经济周期包括（　　）。
   A. 衰退期　　　　　　　　　B. 复苏期
   C. 过热期　　　　　　　　　D. 滞胀期

4. （　　）属于液化石油气价格指数。
   A. CP　　　　B. MB　　　　C. TTF　　　　D. FEI

5. （　　）不是液化石油气船的类型。
   A. 全压式　　B. 半压式　　C. 冷冻式　　　D. 常温常压式

6. （　　）属于液化石油气需求。
   A. 燃烧　　　　　　　　　　B. PDH（丙烷脱氢制丙烯）
   C. MTBE　　　　　　　　　 D. 烷基化油

7. （　　）属于液化石油气存储方式。
   A. 冷冻库　　　　　　　　　B. 压力罐
   C. 液化气瓶　　　　　　　　D. 水合物储气

8. 燃烧用液化石油气需求开始转淡通常从（　　）开始。
   A. 3 月　　　B. 6 月　　　C. 9 月　　　　D. 12 月

9. 液化石油气炼厂开工率主要取决于（　　）。

A. 原油价格 B. 炼厂利润

C. 液化石油气价格 D. 液化石油气利润

10. 关于天然气、液化石油气表述最为准确的是（　　）。

A. 液化石油气和天然气组成成分大致相同

B. 液化石油气和天然气价格走势趋同

C. 液化石油气安全性好于天然气

D. 在燃烧端，从长期看，天然气逐渐替代液化石油气

二、判断题

1. 宏观经济、基本面、价格博弈这三者对于液化石油气影响周期依次为长期、中期、短期。（　　）

2. 经济滞胀期宜投资大宗商品进行资产保值。（　　）

3. CP 官价由沙特阿拉伯阿美石油公司每月月底进行公布，属 FOB 价格。（　　）

4. 液化石油气具有运量大、运费低的特点。（　　）

5. 化工需求成为近几年液化石油气的主要增长点，所占的比例也在逐渐增加。（　　）

6. PDH 使用的丙烷为进口丙烷，目前全球进口丙烷主要来自中东和北美，均产自天然气副产。（　　）

7. 液化石油气可以通过存储的方式来平抑价格大幅度波动，使价格走势相对平缓。（　　）

8. 从季节性来看，LPG 价格通常从当年第三季度开始逐步攀升至次年 1 月。（　　）

9. LPG 仅为炼厂的副产品，所以炼厂对于其价格、利润并不敏感。（　　）

10. 天然气的相关基础设施建设周期较长，包括码头、专用船只、城市管网。（　　）

参考答案

一、不定项选择题

1. ABCD 2. ABC 3. ABCD 4. ABD 5. ABC 6. ABCD
7. ABC 8. A 9. AB 10. D

二、判断题

1. 对 2. 错 3. 对 4. 错 5. 对 6. 对
7. 错 8. 错 9. 对 10. 对

第五章

液化石油气期货的投机与套利

 一、什么是投机交易？

投机交易是自古以来就存在的一种交易形式，交易者希望从上涨或下跌的市场价格变动中获利。在期货方面的投机指的是交易者以获取价差收益为目的的一系列期货交易行为。这些期货投机交易者根据自己对期货价格走势的判断，结合利好或利空的消息作出买进或卖出的决定。如果这种判断与市场价格走势相同，在去除交易成本后，期货投机交易者平仓后可获取投机利润；如果判断与价格走势相反，则期货投机交易者平仓后承担投机损失，而且在交易过程中还需要支付一定的费用。

与股市通常只能做多不同，期货市场可以进行两个方向的投机交易。擅长两个方向期货交易的投机者可能会有更多的交易机会与收益。"黑天鹅事件"是极为罕见且难以预测的事件,之后会产生巨大的经济影响,经常伴随着空头投机交易成功获利。2019年末暴发的新冠疫情引发全球性恐慌,全球资产大幅贬值,国际油价一度跌至负数。全球著名大宗商品交易员皮埃尔·安杜兰德(Pierre Andurand)以豪赌闻名,他的Andurand Capital对冲基金此前已经连续两年亏损,但是在2020年2月,他认为病毒会撼动石油市场,因此他开始大幅做空石油。

随着2020年3月布伦特原油价格跌破23美元,皮埃尔·安杜兰德对冲基金表现出色,在3月飙升了152.9%,2020年前3个月回报率为122.2%。

在做空获利的同时,也有人借油价波动做多获利。2020年3月以来,国际原油供应过剩开始冲击美国库存空间,期货价格一度跌至-37.63美元/桶,拥有库存的许多贸易商借油价为负时做多采购,随着油价理性回归而大幅获益。

二、为什么需要投机?

在期货市场,投机交易必不可少,它起到了增加市场流动性和承担套期保值者转嫁风险的作用,还有利于期货交易的顺利进行和期货市场的正常运转,是期货市场套期保值功能和发现价格功能得以发挥的重要条件之一。没有投机交易,则股票市场无法融资,期货市场无法套期保值,无价格指导,外汇市场货币无法兑换,全球经济就会倒退。具体来讲,投机交易有以下四个作用。

(一)主动承担期货市场风险

期货投机者承担了套期保值者力图回避和转移的风险,使套期保值成为可能。因为,在一个没有风险承担者的市场中,套期保值者是很难就某一价格达成协议的。假如没有投机者去弥补这一价格差距,套期保值者想要对冲其持有的期货合约是很困难的。

（二）投机交易促进市场流动性，保障期货市场价格发现功能的实现

价格发现功能是在市场流动性较强的条件下实现的。一般说来，期货市场流动性的大小取决于投机成分的多少。如果只有套期保值者，即使集中了大量的供求信息，也难以找到交易对手，少量的成交就对价格产生巨大的影响。投机者的介入，会增加交易量，众多的投机者通过对价格的预测——有人看涨，有人看跌，积极进行买卖活动，从而使市场具有充分的流动性。

（三）适度的期货投机能够减缓价格波动

投机交易减缓价格波动作用的实现是有前提的。一是投机者需要理性化操作，违背市场规律进行操作的投机者最终会被淘汰出期货市场。二是投机要适度。操纵市场等过度投机行为不仅不能减缓价格的波动，而且会人为地拉大供求缺口，破坏供求关系，加剧价格波动，加大市场风险，使市场丧失其正常功能。

（四）形成合理价格结构

期货市场的投机者不仅利用价格短期波动进行投机，而且还利用同一种商品或同类商品在不同时间、不同交易所之间的差价来进行套利交易。这种投机，使不同品种之间和不同市场之间的价格形成一个较为合理的价格结构。

投机是期货市场的重要组成部分，使得期货的影响因素更加多样化，丰富了期货市场。

三、投机者进行投机要关注哪些点？

（一）在关键点位入场

市场上有两种关键价位。一种是"反转关键价位"，指的是一波大的市

场行情的起点,趋势由此发生转变,在那个时间点的市场情绪是最好的。投机者不用考虑这个点位是不是发生在一波长期趋势的底部或者顶点。

而第二种关键价位是"延续关键价位"。刚才说到的"反转关键价位"意味着行情的方向确实改变了,而"延续关键价位"则确认了之前的行情将延续下去,判断是否延续之前的上涨或下跌行情。

关键价位在判断入场时机时特别适用,往往伴随着成交量大幅放大。这个指标能够提示何时应该入场、何时应该离场。

(二) 做好仓位管理

期货交易蕴含的风险是非常大的,投机者即使看对了行情方向,也选了个比较好的建仓点,但市场总免不了出现小概率的意外事故,因此,仓位管理就显得十分重要。投资时,风险和收益永远是共存的,仓位管理应结合个人对风险的承受能力以及所期望的收益率进行。

凯利公式给出了进行仓位管理相对科学的解释:

$$f^* = \frac{bp - q}{b} = \frac{p(b + 1) - 1}{b}$$

在公式中,各参数意义为:

f^* 代表仓位,p 代表成功的概率,q 代表失败的概率,b 代表预期收益率。

假设赔率为1,最终影响仓位的是成功的概率,如果一笔交易成功的概率为60%,那么仓位应该控制在20%〔= (0.6 - 0.4)/1 × 100%〕。除非能确定100%成功,否则不要在一笔交易上满仓。

根据这个模型,我们应该降低出手的频率,把专注力放在提高胜率上,让收益曲线平滑向上,用仓位管理来控制风险。

从实用性的角度来说,常用的仓位管理法主要有三种。

1. 矩形仓位管理法

这种方法指的是把所有的仓位进行等分,每一份仓位都是相同的金额。常见的仓位比例有三等分、五等分、甚至是十等分。

这种方法比较适合于震荡市场,如果无法判断未来市场是处于上升或是下降行情,那么不妨通过这种定额分批加仓的方式来逐步分摊风险。

2. 倒金字塔管理法

如图 5-1 所示，把仓位自下而上分成 5 份，分别是 10%、15%、20%、25% 和 30%。

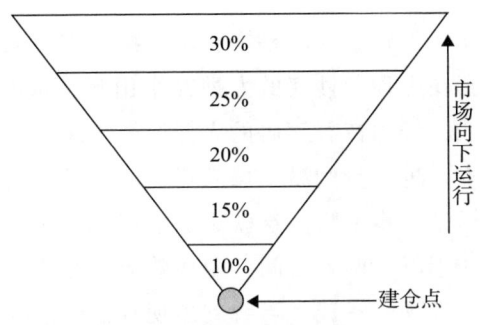

图 5-1 倒金字塔建仓示意

资料来源：中泰期货研究所整理。

如果我们判断未来市场会维持较长一段时间的下跌行情，那么这种方法不妨尝试一下。

在市场下跌初期，可利用该方法进场，因为初始资金量较小，也会为后面的加仓保留充足的筹码。

3. 金字塔管理法

这种方法与倒金字塔刚好相反，在初始建仓时资金量投入较大，随着市场上涨不断缩小加仓比例。

这种方法又被称为右侧交易，是在已经形成上升趋势的时候介入，顺势而为获得利润，适合于行情较好时使用。

比如说趋势行情启动时我们需要用充足的筹码来为自己夯实基础，而后面加仓的 30% 或 20% 则是出于小心谨慎的态度进行补仓。

正如华尔街那条古老的准则所说：在牛市中，最重要的就是持有筹码，直到出现显著的反转信号为止。

(三) 做好情绪控制

期货市场中的情绪主要可以分为三类：希望、恐惧、迷茫。

情绪上升期：如果市场参与者情绪高昂，贪婪无惧，持续追涨，市场会呈现出极强的赚钱效应，而毫不费力地持续赚钱会进一步刺激参与者的贪婪情绪，同时也激发了场外资金的参与欲望，再次推升市场。这就是情绪上升期。

情绪退潮期：当场外资金面临枯竭，场内接力游戏无法持续时，泡沫开始破灭，追高的人套在山顶，抄底的人抄在半山腰，甚至卖出都不给机会，不断尝试，不断亏钱，场内持有筹码的人开始抛售离场，继续在场内持筹的人账户资金不断缩水，进一步刺激了场外资金的恐慌情绪，更加不愿意参与进来，从而导致市场进一步下跌。这就是退潮期。

情绪震荡期：介于以上两者之间，赚钱效应和亏钱效应并存。当看到出现赚钱效应的时候，进场就亏钱，当看到出现亏钱效应的时候，一割肉又发现反弹了。这样几次之后情绪就会陷入迷茫，市场只剩有限资金博弈，只有结构性行情。这就是震荡期。

控制好情绪能使人更理性地投资，控制情绪与仓位管理相辅相成，在这一方面，量化投资显示出了得天独厚的优势。

四、投机者如何进行风险管理？

（一）决定交易风险水平

一般的交易者在交易时很容易只看到潜在的收益，但成功交易者还需要同时预见可能发生的亏损。交易者可以使用一种简单的指标来确定理想风险水平——风险回报比率。

风险回报比率用来比较一项投资的预期收益和相对应的潜在损失。它的计算方式为：价格沿预期之外方向变动时投资者可能损失的数额（即风险）除以交易员在头寸结算时期望获得的收益（即回报）。风险回报比率一般分为三种：第一种是理想的比率1∶3或1∶4；第二种是可接受的比率1∶2；第三种是不理想的比率 1 : 1 或 2 : 1。

(二) 设置止损指令

止损指令指一旦市场价格超过预定的买入或卖出点，止损指令将自动变为市价指令执行。由于期货交易使用了杠杆，市场波动与价格变化将会同时放大盈利和损失。在波动剧烈且行情不确定时，止损指令是减少因无法预测行情而蒙受损失及最大限度减少风险的理想工具。

交易者不应仅使用市价单交易，还应该更多地使用包含止损指令的挂单交易，也可以对已存在的交易添加止损指令。止损指令可通过以下方式执行：卖出止损指令、止损限价单、买入止损指令、追踪止损、追踪止损限价单、组合订单。

设置止损需要注意三点。首先，关键位置设置止损。关键位置，顾名思义就是找一个大概率转折点的位置，即盈亏比比较大的位置来设置止损。一般这种情况下止损可能会超过平时的标准止损点。其次，设置有效止损。需关注做单周期。如果在盘内 15 分钟进场，止损放在 5 分钟周期，那么这个止损位在大多数情况下是无效的。如果放在 15 分钟或者 1 小时的位置，一定会比放在 5 分钟位置有效得多。最后，根据历史交易记录设置止损。在经历很多行情交易以后可以得出一个大概率的止损点数，根据这个点数设置止损可以在一定程度上避免风险性较高的交易。

(三) 及时获利了结

及时获利了结是一种谨慎而有意义的策略。与其在有反复风险的市场观望以期获得更大的利润，不如在一个已满足风险回报比率的价位获利了结。交易者也可以对已有的挂单设置止盈条件或者修改现有的市场订单。一旦市场价格达到指定价位，交易将会自动止盈，获利了结。另一种及时获利、最大限度降低风险的方式是部分平仓。如果交易者觉得市场仍然是有利可图的，可以只将部分利润平仓了结，而继续持有剩下的部分，因为已经成功获得了一部分利润，所以同时也会降低交易过程中的整体风险。

五、什么是套利交易?

所谓套利,是指交易者针对市场上两个相同或相关资产暂时出现的不合理价差同时进行一买一卖的交易。如果这种不合理价差缩小或消失了,套利者即可再作相反的买卖,获取套利利润。

套利的两边必须是相同或相关资产,因为相同或相关资产在价格走势上具有近似性,二者之间的价差不仅可以识别且可理解,而且在实际走势中,价差也会环绕着平均价差波动。

在进行套利交易时,交易者关注的是相同或相关资产之间的相互价格关系,而不是绝对价格水平,他们买进自认为"便宜"的资产或合约,同时卖出等量的自认为"偏高"的资产或合约。不管这些资产或合约的价格在后期是暴涨还是暴跌,交易者总是一边亏损而在另一边盈利,如果盈利水平高于亏损值,相对价差变化有利于交易者,交易者就可从中获得套利利润;反之,若盈利水平低于亏损值,相对价差变化不利于交易者,交易者就面临套利亏损的结局。如果遇到更加极端的情况,价格变动之后,"便宜"的价格下跌了,"偏高"的价格却又上涨了,则亏损也会变得更大。

 六、液化石油气期货有哪些套利交易类型?

(一) 期现套利

期现套利是指某种期货合约,当期货市场与现货市场在价格上出现差距,从而利用两个市场的价格差距,低买高卖而获利。液化石油气的期现套利,就是对液化石油气在现货市场和期货市场进行反向操作从而套利的行为。套利者会在现货市场买入或卖出液化石油气现货,同时在期货市场以相同的规模卖出或买入相同资产的液化石油气期货合约,并在未来的同一时间平仓。

(二) 跨期套利

跨期套利就是在同一期货品种的不同月份合约上建立数量相等、方向相反的交易头寸,最后以对冲或交割方式结束交易、获得收益的方式。最简单的跨期套利就是买入近期的期货品种,卖出远期的期货品种。一般情况下,液化石油气跨期套利在不同期限的液化石油气期货合约之间进行。具体来说,就是在买入或卖出液化石油气较短期限的期货合约的同时,卖出或买入较长期限的液化石油气期货合约,在较短期限的期货合约到期时或到期前同时将两个期货对冲平仓,从而获取价差利润。跨期套利与期现套利相比限制是比较少的,同时跨期套利没有卖空的限制,是在同一市场进行的。

(三) 跨市套利

跨市套利也称市场间套利,是指在某个交易所买入(或卖出)某一交割月份的某种商品合约的同时,在另一个交易所卖出(或买入)同一交割月份的同种商品合约,以期在有利时机分别在两个交易所同时对冲所持有的合约而获利。液化石油气期货在大连商品交易所上市,交易者可以选择在大连商品交易所与海外商品交易所做液化石油气期货跨市套利。

(四) 跨品种套利

跨品种套利是指利用两种不同但相互关联的资产间的价格差异进行套利交易。跨品种套利的逻辑在于寻找不同品种但具有一定相关性的商品间的相对稳定的关系,以期在价差或者价比从偏离区域回到正常区间过程中追逐价差波动的利润。液化石油气期货与原油、沥青、燃油期货有一定的关联度,交易者可以考虑从这些品种入手进行跨品种套利。

七、液化石油气期权有哪些套利交易类型？

（一）期权期现套利

期权是指一种合约，该合约赋予持有人在某一特定日期或该日之前的任何时间以固定价格购进或售出一种资产的权利。多种期权组合可以合成期货多头和合成期货空头，但合成的多头和空头并不完全等同于真正的多头和空头。这一点和期货十分类似，期货价格并不总是等于现货价格，因为有升水和贴水。

根据某一行权价合成多头（或空头）的盈亏平衡点可以判断此合成多头（或空头）相比标的是溢价还是折价。如果溢价，则可以买入液化石油气，同时买入看跌期权，等期权到期则可以赚到差价；反之，如果折价，则可卖空液化石油气，同时买入看涨期权，等期权到期则可以赚到差价。

个人投资者实际操作中有很多困难，因为期权期现套利属于无风险套利，所以套利机会较难出现，而且稍纵即逝，个人投资者不可能时时刻刻盯盘，也没有便利的交易工具。

（二）期权盒式套利

期权的盒式套利（Box Arbitrage）是从平价套利策略延伸而来。平价套利在此不做过多介绍。

盒式套利交易中，包含同一行权月一共四个合约（四个合约共同构成一个盒式套利策略），假设如下：

（1）行权价为 K1 的认购合约 C1、认沽合约 P1；

（2）行权价为 K2 的认购合约 C2、认沽合约 P2。

可以把 C1 和 P1 的组合看成是合成期货（记为 F1）；C2 和 P2 的组合也看成另一组合成期货（记为 F2）。那么，从合成期货的角度来看，盒式套利由两个合成期货组成。

（1）合成期货 F1：合成价格 = C1 − P1 + K1；做多 F1，即买入 C1，卖出 P1；做空 F1，即卖出 C1，买入 P1。

（2）合成期货 F2：合成价格 = C2 − P2 + K2；做多 F2，即买入 C2，卖出 P2；做空 F2，即卖出 C2，买入 P2。

上述四个合约以及两个合成期货在期权的到期损益见图 5-2。

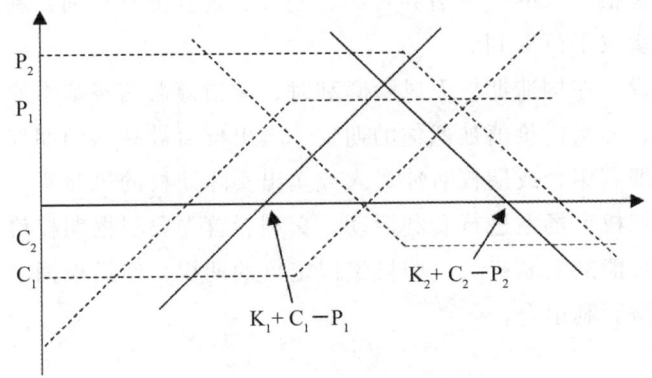

图 5-2 合约损益

资料来源：中泰期货研究所整理。

根据平价公式，有：C1 − P1 + K1 = C2 − P2 + K2

也就是：F1 = F2

因此，根据 F1 和 F2 的大小关系，就有两种套利情形：

（1）F1 相对于 F2 升水（F1 > F2）：此时做空 F1，做多 F2。实际操作为：卖出 C1，买入 P1；同时买入 C2，卖出 P2。升水消失后全部反向平仓。

（2）F1 相对于 F2 贴水（F1 < F2）：此时做多 F1，做空 F2。实际操作为：买入 C1，卖出 P1；同时卖出 C2，买入 P2。贴水消失后全部反向平仓。

（三）无风险套利

期权的无风险套利机会主要来源于期权价格与理论发生偏离，使原本合约及合约间的价格平衡遭到破坏，继而产生风险为零、收益恒为正的套利机会。

从理论上来说，在一个高效的市场中，所有市场信息会第一时间反映在价格上，任何资产价格都不会偏离其应有价值，利用价差进行无风险套利的机会应该是不存在的。但大量研究和实践经验表明，现实中的市场并非完全有效市场，不同资产价格之间有可能在极短时间内产生失衡，这就使无风险套利成为可能。

尤其是在成熟度还不高的新兴市场，套利机会仍然大量存在。期权无风险套利主要包括期权的上下边界套利、期权的垂直价差套利、利用凸性关系套利以及买卖权平价套利。

一般来说，在构造期权无风险套利时，应当遵循两条基本原则：一是买低卖高原则，即买进价值被低估的期权，卖出价值被高估的期权；二是风险对冲原则，即利用合成期权对冲买入或卖出实际期权的风险头寸。

如果在期权市场上进行套利活动，套利者首先要根据期权价格规律即时捕捉到任何可能的套利机会，即被错误定价的期权，然后根据上面两个原则来构造无风险套利组合。

 八、套利交易有哪些利弊？

（一）优点

1. 更低的波动率

由于套利交易博取的是不同合约的价差收益，价差通常具有更低的波动率使得套利者面临的风险更小。大部分情况下，价差的波动比期货价格的波动小得多。例如，上海期货交易所交易的铜每天的价格变化一般为400~700元/吨，但是相邻交割月份之间的价差每天变动为80~100元/吨。许多商品价格的波动性都很强，需要日常监控，而价差的日内波动往往很小，只需要每天监控几次甚至更少。如果一个账户的资金波动很厉害，投资者必须存入更多的钱来防止可能的损失，而利用套利交易则很少有这样的担忧。

2. 有限的风险

套利交易是唯一的具有有限风险的期货交易方式。由于套利行为的存在以及套利者之间的竞争选择，期货合约之间的价格偏差会得到纠正。考虑到套利的交易成本，期货合约之间的价差会维持在一个合理范围内，所以价差超过该范围的情况是不多的。这意味着可以根据价差的历史统计，在历史的高位或低位区域建立套利头寸，同时可以估算出所要承担的风险水平。

3. 更低的风险

套利交易有对冲特性，与单边交易相比通常有更低的风险。在比较套利和单边交易时需要考虑一个重要的问题：为什么套利交易风险会更低？投资组合理论表明，由两个完全负相关的资产构成的投资组合最大限度地降低了组合风险。套利是同时买卖两个高度相关的期货合约，也就是构造了一个由两个几乎完全负相关的资产构成的投资组合，这样可以大大降低该组合的投资风险。

4. 对涨跌停的保护

许多套利交易的对冲特性，可以对涨跌停提供保护。因为政治事件、天气和政府报告等，期货价格可以暴涨暴跌，有时甚至引起涨跌停，价格封死在涨跌停板上而无法成交。一个做反了的单边交易者在能够平仓之前会损失惨重，这往往会造成交易者的账户亏空而需要追加保证金。在同样的环境下，套利交易者基本上都受到保护。以跨期套利为例，由于套利交易者在同一种商品上既做多又做空，在涨跌停日，通常不会发生大幅亏损。虽然在涨跌停打开后，价差可能不朝交易者预测的方向走，但由此所造成的损失往往比单边交易小得多。

5. 更有吸引力的风险/收益比率

相对于给定的单边头寸，套利头寸可以提供一个更有吸引力的风险/收益比率。虽然每次套利交易收益不太高，但成功率高，这是由价差的有限的风险、更低的风险以及更低的波动率特性带来的好处。长期而言，做单边交易盈利的只占少数，往往10个人中不超过3个人是盈利的。而套利不一样，它有收益稳定、低风险的特点，所以具有更吸引人的收益/风险比率，从而更适宜大资金的运作。在持有单边头寸的多空双方激烈争夺过程中，套利者往往可以择机介入，轻松获利。

6. 价差比价格更容易预测

期货的价格由于其较大的波动率往往不容易预测。在牛市中，期货价格会涨得出乎意料地高，而在熊市中，期货价格会跌得出乎意料地低。套利交易不是直接预测未来期货合约的价格变化，而是预测未来供求关系变化引起的价差的变化。做后一种预测显然比前一种预测的难度大为降低。决定未来影响商品价格的供求关系是十分复杂的，虽然有规律可循，但仍然包含许多不确定性。而预测价差的变化，则不必考虑所有影响供求关系的因素。由于两种期货合约的关联性，许多不确定的供求关系只会造成两种合约价格的同涨同跌，对价差的影响不大，对这一类供求关系可以忽略。预测两种合约间价差的变化只需要关注各合约对相同的供求关系变化反应的差异性，这种差异性决定了价差变动的方向和幅度。

(二) 缺点

任何事物都有两面性，套利交易也不例外。除了上述优点外，还有以下几处不足。

1. 潜在收益受限制

在许多投资者看来，套利的最大缺点是潜在收益受限制。这是很正常的，因为限制了交易中的风险，通常也会限制潜在收益。不过，最终是否选择套利交易，还须权衡套利的诸多优点和有限的潜在收益。

2. 绝好的套利机会很少频繁出现

套利机会的多寡，与市场的有效程度密切相关。市场的效率越低，套利机会越多；市场的效率越高，套利机会越少。就目前国内的期市而言，有效程度还不高，各个期货品种每年都会存在几次较好的套利机会。

3. 套利也有风险

套利虽然具有有限风险、更低风险的优点，但毕竟是有风险的。这种风险来自价格偏差继续错下去。合约之间的强弱关系往往在短期内保持"强者恒强，弱者恒弱"的态势。假如这种价格偏差最终会被纠正，套利者在这种交易中也不得不遭受暂时的损失。如果投资者能够承受这种亏损，最终就会扭亏为盈，但有时投资者无法熬过亏损期；况且如果做空的合约遇到挤空现象且持续到该合约交割，那么价格偏差将无法纠正，套利交易必以失败告终。

自测题

一、不定项选择题

1. 止损单中价格的选择可以利用（　　）确定。
   A. 有效市场理论　　　　　　B. 资产组合分析法
   C. 技术分析法　　　　　　　D. 基本分析法

2. 某交易者以2140元/吨买入2手强筋小麦期货合约，并计划将最大损失额限制在40元/吨，于是下达了止损指令，设定的价格应为（　　）元/吨。
   A. 2100　　　B. 2140　　　C. 2160　　　D. 2180

3. 建仓时，投机者应在（　　）。
   A. 市场一出现上涨时，就买入期货合约
   B. 市场趋势已经明确上涨时，才买入期货合约
   C. 市场下跌时，就买入期货合约
   D. 市场反弹时，就买入期货合约

4. 以下对期货投机交易说法正确的是（　　）。
   A. 期货投机交易以获取价差收益为目的
   B. 期货投机者是价格风险的转移者
   C. 期货投机交易等同于套利交易
   D. 期货投机交易在期货与现货两个市场进行交易

5. 下列建仓手数记录中，属于金字塔式增仓方式的是（　　）。
   A. 1、5、7、9　　　　　　　B. 1、7、9、1
   C. 9、7、5、1　　　　　　　D. 9、7、9、7

6. 在期货投机交易过程中，须关注（　　）。
   A. 选择入市时机　　　　　　B. 建仓和平仓方法
   C. 资金管理　　　　　　　　D. 风险管理

7. 期货投机者按交易主体划分，可以分为（　　）。

A. 机构投机者 B. 公共部门投资者

C. 个人投机者 D. 私人部门投资者

8. 下列属于入市时机选择步骤的有（ ）。

A. 通过基本面分析法，判断市场处于牛市还是熊市

B. 看到市场行情上涨，应立即建仓买入

C. 权衡风险和获利前景

D. 决定入市的具体时间

9. 根据合约流动性不同，可将期货合约分为（ ）。

A. 活跃月份合约 B. 火热合约

C. 冷淡合约 D. 不活跃月份合约

10. 关于期货投机者的作用，描述正确的是（ ）。

A. 投机者是价格发现的参与者

B. 投机者是价格风险的承担者

C. 有利于改善不同地区价格的不合理状况

D. 提高期货市场流动性

二、判断题

1. 限价指令是实现"限制损失、累积盈利"的有力工具。 （ ）

2. 止损指令是实现"限制损失、锁定盈利"的有力工具。 （ ）

3. 投机对期货市场没有好处。 （ ）

4. 没有投机者，套期保值交易照样进行。 （ ）

5. 关键价位是在判断入场时机时特别适用，往往伴随着成交量大幅放大。这个指标能够提示何时应该入场、何时应该离场。 （ ）

6. 金字塔建仓就是在原有持仓出现亏损时不断增仓，以摊低价格的做法，只不过持仓的增加数量是渐次递减的。 （ ）

7. 期货投机是指交易者通过预测期货合约当前价格变化，以在期货市场上获取价差收益为目的期货交易行为。 （ ）

8. 在期货市场中，投机交易会使市场流动性降低，导致市场剧烈波动。
（ ）

9. 期货投机者只有在市场行情上涨时才能买入合约，在市场行情下跌

时才卖出合约。（　　）

10. 投机交易促进市场流动性，保障了期货市场发现价格功能的实现。
（　　）

参考答案

一、不定项选择题

1. C　　2. A　　3. B　　4. A　　5. C　　6. ABCD　　7. AC
8. ACD　9. AD　10. ABCD

二、判断题

1. 错　　2. 错　　3. 错　　4. 错　　5. 对　　6. 错　　7. 错
8. 错　　9. 错　　10. 对

第六章

液化石油气期货在产业中的应用

一、液化石油气产业分别面临哪些风险?

近年来,影响液化石油气价格的因素越来越多,液化石油气的价格波动越来越频繁,产业风险也越来越大,主要面临以下风险因素。

(一)原油价格波动的风险

液化石油气一部分来自油田伴生气,另一部分来自炼厂原油催化裂解与热解得到的副产品。国内液化石油气是炼油厂在进行原油催化裂解与热裂解时所得到的副产品,其收率为原油投入量的 2% ~ 5%。所以,原油价格波动对液化石油气的价格有直接影响。根据以往数据测算结果显示,原油价格对 LPG 价格影响较高,相关系数高达 0.73。

（二）全球供应稳定性风险

2016年以来，全球液化石油气供过于求，贸易模式已从需求驱动转变为供应驱动。特别是美国通过页岩气革命实现"弯道超车"，由液化石油气的进口国演变为出口国，对液化石油气国际贸易的定价体系产生了重大而深远的影响。

（三）进口依赖程度较高的风险

东南沿海是我国液化石油气的主要消费地区。这些地区能源结构极不平衡，缺煤少气是常态，气体能源对外依存度非常高，液化石油气的进口量大大超过国内其他地区。过度依赖进口，是造成该地区液化石油气价格与国际联动的一个重要原因。根据2011年12月至2019年12月的数据，进口丙烷、进口丁烷的价格与国内液化石油气价格密切相关，二者相关性分别达到+82%和+77%。

（四）替代能源价格变化的风险

一般认为，液化石油气与液化天然气相互依存、互为补充。液化石油气（LPG）与替代能源液化天然气（LNG）直接的竞争主要体现在工业用户方面，同样作为燃料的液化石油气与液化天然气有着密切的替代关系。LNG价格的大幅波动，往往会带动LPG价格的大幅波动。

（五）季节性需求引发价格波动的风险

从季节性需求角度看，LPG需求呈现季节性变化规律。一般情况下，LPG需求于当年第三季度开始攀升，直至次年春节前；而3月之后，气温逐渐回升，LPG需求量明显下降。因此，气温的周期性变化引起终端需求的变化，进而影响和反映到LPG价格走势上。

（六）库存风险

对于液化石油气上游企业来说，其面临的库存风险主要是胀库风险，下游需求不确定，上游多为长协，定期到货，若此时出现库存满库，气体无处可存是非常危险的。对于下游生产型企业来说,设备一旦开启就不能随时停止,若原材料液化石油气库存过低,则会出现原材料供应不足的风险。

 二、液化石油气期货在生产型企业中如何应用?

卖出套期保值是生产型企业最常用的保值方法,主要是对生产的库存商品进行价格保护,方法是根据库存商品做空相应的期货品种,实现现货与期货合并计算无风险敞口。例如,某生产型企业库存100吨LPG,可以在期货盘面卖出100吨LPG期货合约,此时该企业的盈亏将不受LPG价格涨跌影响。

液化石油气期货可以完善企业风险管理体系。液化石油气期货与期权的同步上市,为企业提供了更多的套期保值工具。单一的期货套保模式操作难度大,需要较高的专业度,不利于初次接触衍生品市场的实体企业进行操作,而期权模式相对更容易理解,且能够与期货之间组合形成多样化的套保方式,实体企业能够根据自身的基本情况以及风险偏好设计出更加适合的套保方案,更好地满足企业个性化的风险管理需求。

液化石油气期货可以丰富企业经营业务模式,产业企业可以利用不同的现货市场、不同的期货价格进行基差贸易,也可以采用含权贸易、互换、掉期等业务为企业发展助力。

 三、液化石油气期货在贸易型企业中如何应用?

贸易型企业在买货和卖货之间普遍存在时间不同、地域不同、作价方式不同等因素,为规避其中存在的价格风险,可以在衍生品市场通过"买近月卖远月""买人民币卖美元"等方式对现货的买卖价差进行锁定,在购买现货或销售现货时,对相应的期货品种进行平仓,进而对商品盈利实现保护。

举例来说,某液化气贸易企业担心液化气在淡季价格下跌,对将要销售的 20 万吨库存商品进行套期保值,计划采用大连商品交易所液化石油气期货合约作为套期工具,进行套期保值。该企业每月对衍生品交易进行账务处理。假设企业下一月卖出 10 万吨现货,再下一月又卖出 10 万吨现货。此次进行销售套期保值后,如果行情预判准确,企业可以有效保护利润,减小利润波动,平滑利润曲线。

四、液化石油气期货在需求型企业中如何应用?

LPG 需求型企业有时会以投标等方式优先获得销售端价格。当销售价格确定后,为避免采购价格上升,可在期货盘面进行买入 LPG 期货合约操作,待实际 LPG 采购定价确定时将期货合约平仓。例如,某 LPG 需求型企业投标以固定价向某企业供应未来 3 个月的液化石油气,中标后可以在期货盘面进行买入操作,避免未来采购价格上涨带来风险。

举例来说,某液化气加工企业在 9 月计划 11 月购买液化气现货 10 万吨,11 月是传统旺季,企业担心液化气的价格会因此上涨,计划采用大连商品交易所液化石油气期货合约作为套期工具,进行买入套期保值。9 月买入 5000 手(10 万吨)大连商品交易所 LPG11 合约。套期工具(期货)在会计期间,公允价值变动计入其他综合收益不影响损益,平仓时与现货端收益共同计算损益,可以平滑企业利润曲线。如果行情预判准确,需求型企业可以有效节约成本。

五、液化石油气仓单有哪些应用？

期货标准仓单是指由期货交易所统一制定的，交易所指定交割仓库在完成交货商品验收、确认合格后发给货主的实物提货凭证。标准仓单自交易所签发之日起有效。注册仓单是指当现货商把符合交割标准的货物交到交易所的交割仓库，交割仓库检验合格后，给货物持有人开具标准仓单，货物持有人可以拿着标准仓单到交易所的交割部办理注册手续。根据有关规定，商品只有符合期货交割要求并经过检验注册入库才可以成为仓单，从而参与期货交割。标准仓单是期货库存数据的重要组成部分，也是判断市场涨跌的重要信息依据之一。

（一）利用仓单来判断期货的升贴水

仓单数量的大幅增减反映的是期货和现货的价差问题。当期货市场价格较高时，现货商就会注册仓单在期货市场销售。可以根据仓单数量及变化来确定投资方向。当大量的仓单生成，说明期货价格高于现货价格，这个时候应当做空；反之做多。在期货市场上，经常看到伴随着仓单的大量生成，期货价格不断创出新高，这时候正是开仓做空的时候。

（二）利用仓单来判断库存

有时候期货市场中的持仓主力为了影响价格，会通过注册仓单或者注销仓单的方式来改变交易所公布的库存数量。举例来说，当持仓主力希望价格上涨时，就会把持有的注册仓单大量注销，造成可交割货物不足的假象，从而引发交易者对未来价格的预期，然而实际上可交割的货物并没有减少，依然在仓库里存放着；相反，当持仓主力希望价格下跌时，又会把仓单再次进行注册，造成货物增多的假象，使得期货价格受影响而下跌。

（三）利用仓单来节省谈判周期和成本

如果仓单交货地点固定明确且位置在公认的物流中心，运输成本、定价依据、质检机构、仓储服务费用等可清晰预估，且对交易双方往往都公平和经济，则很容易达成交易定价；如果实物交货地点不固定或者指定地点对交易价格和风险影响较大，事关交易双方的强弱地位，则买卖双方需就运输、质检方式、港口、保险等进行长期费时的洽谈沟通。

（四）利用仓单来保证品质验收

仓单上要求载明仓储物的品种、数量、质量、包装、件数和标记、储物的损耗标准等要素，且对进出库的货物进行严格验货，仓库才会出具有效的仓单凭据。仓单模式下货物品质服务机制是中立的，即使用户发现收到与仓单不符的货物时，也由于仓单的信用机制对仓库价值很大，因此，仓库能支持各方及时地更换货物或由责任方赔偿。

自测题

一、不定项选择题

1. 液化石油气价格波动中产业分别面临（　　）风险。
   A. 原油价格　　　　　　B. 全球供应
   C. 进口　　　　　　　　D. 替代能源

2. 下列（　　）不是液化石油气价格波动中产业面临的风险。
   A. 原油价格　　　　　　B. 全球供应
   C. 出口　　　　　　　　D. 替代能源

3. 液化石油气期货可以完善企业（　　）。
   A. 风险管理体系　　　　B. 盈利亏损体系
   C. 管理调控体系　　　　D. 期现套利体系

4. 为规避价格风险，液化石油气可以在衍生品市场通过（　　）等方式对现货的买卖价差进行锁定。

A. 高位套利　　　　　　　B. 买近月卖远月

C. 买人民币卖美元　　　　D. 卖出套利

5. 液化石油气仓单的应用有（　　）。

A. 利用仓单来判断期货的升贴水

B. 利用仓单来判断库存

C. 利用仓单来节省谈判周期和成本

D. 利用仓单来保证品质验收

6. 仓单数量的大幅增减反映的是（　　）价差问题。

A. 现货　　　　　　　　　B. 存货

C. 期货　　　　　　　　　D. 现值

7. 液化石油气期货标准仓单是由（　　）统一制定的。

A. 期货交易所　　　　　　B. 期货业协会

C. 期货公司　　　　　　　D. 证监会

8. 液化石油气期货可以丰富企业的（　　）。

A. 经营业务模式　　　　　B. 管理模式

C. 套期保值模式　　　　　D. 风险管理模式

9. （　　）是液化石油气生产型企业最常用的保值方法，主要是对生产的库存商品进行价格保护。

A. 跨市套期保值　　　　　B. 跨期套期保值

C. 买入套期保值　　　　　D. 卖出套期保值

10. 液化石油气（　　）与（　　）的同步上市，为企业提供了更多的套期保值工具。

A. 期货　　　　　　　　　B. 期权

C. 期货交易平台　　　　　D. 现货交易平台

二、判断题

1. 液化石油气期货可以完善企业风险管理体系。　　　　　　（　　）

2. 单一的期货套保模式操作难度大，需要较高的专业度，不利于初次接触衍生品市场的实体企业进行操作。　　　　　　　　　　　　（　　）

3. 液化石油气期货可以丰富企业经营业务模式。 （ ）

4. 液化石油气的价格波动越来越频繁，产业所受风险越来越多，主要面临液化石油气现货商需求量波动风险。 （ ）

5. 绝大部分国产液化石油气为炼厂副产气，其收率为原油投入量的2%~5%。 （ ）

6. 2016年以来，全球液化石油气供过于求，贸易模式已从需求驱动转变为供应驱动。 （ ）

7. 西北沿海是我国液化石油气的主要消费地区。 （ ）

8. 卖出套期保值是生产型企业最常用的保值方法，主要是对生产的库存商品进行价格保护。 （ ）

9. 液化石油气期货可以完善企业风险管理体系。 （ ）

10. 如果仓单交货地点固定明确且位置在公认的物流中心，运输成本、定价依据、质检机构、仓储服务费用等可清晰预估，且对交易双方往往都公平和经济，则很容易达成交易定价。 （ ）

参考答案

一、不定项选择题

1. ABCD 2. C 3. A 4. BC 5. ABCD 6. AC 7. A
8. A 9. D 10. AB

二、判断题

1. 错 2. 对 3. 对 4. 错 5. 对 6. 对 7. 错
8. 对 9. 对 10. 对

第七章

液化石油气期权的应用

期权是期货的衍生品，是一个多维工具，可以满足更多的需求。从实用期权的参与方式来看，期权可分为买权和卖权。如果加入标的价格、到期时间、波动率等因素，又会出现多种组合方式以及选择。

 一、什么情况选择做买权？

期权同样是一个零和市场，期权的买方和卖方是相互对立的，一方的优势可能就是另一方的劣势。因为期权是一个"多维度"的工具，所以，判断什么时候去使用期权，使用期权时应作为买方还是卖方就变得格外重要。

做买权最大的优势就是以小博大，我们常能听到"投入有限，收入无限"，期权的买方通常不需要投入过多本金，却有机会实现短期翻倍甚至好几倍的本金增长。而最明显的缺点在于：买方能够行使权利的机会较少，通常结果是随着时间价值的减少，期权逐渐变得不值钱。所以，做买权有机会使本金快速增长，但成功的可能性比较低。

做买权要赚钱主要考虑三方面因素：方向、波动率、时间。方向非常容易理解，买多或买空，首先方向必须正确。关于期权的波动率，做买权买入了某一个方向，同时也是做多了波动率，有时候标的物大幅波动后，价格没有什么变化，而手中的期权却"升值"了。这便是标的资产波动率增加带来的，可以理解为随着波动的增加，达到某一执行价格的可能性变大。以LPG为例，若PG期货主力连续合约最近一段时间在5000～5200元/吨区间内波动，此时买入一张执行价为5300元/吨的看涨期权，按照正常波动可能无法行权，可如果某段时间的波动率增加，变为在4800～5400元/吨区间内波动，那么行权的可能性就大大增加了，在其他条件不变的情况下，这张期权自然更加值钱。因此当做买权的时候，选择波动率相对较低的时候买入有望增强收益。

时间同样是买权的一个重要因素，期权的价值由两方面因素组成：内在价值和时间价值。内在价值也称履约价值，是指期权持有者立即行使该期权合约所赋予的权利时所能获得的收益。例如，现在PG期货主力连续合约为5100元/吨，一张行权价格为5000元/吨的看涨期权，其内在价值就是100元。如果没有时间价值，只有内在价值，那么所有想做多LPG的人都会去买一张PG-C-5000的期权，因为其不需要承担LPG跌破5000元/吨的损失，所以时间价值可以看作是拥有一项选择权对卖方的补偿。在做买权时，期权价值的增长量要大于时间价值的损失量，期权整体才是升值的。因此，买权对于投资者的"择时"能力要求更高，为获取更多收益，应尽可能在即将启动前买入期权。

二、什么情况选择做卖权？

卖出期权收益是有限的，但风险是无限的，而正由于其承担无限风险，因此，做卖权发生"风险"的概率比做买权小很多。当资金规模较大、需要相对稳定收益率的时候适合做卖权。做卖权应当重点考虑四方面因素：方向、利率、波动率以及时间。

首先，方向依然是最重要的，当判断行情上涨或震荡时卖出看跌期权；当判断行情下跌或震荡时卖出看涨期权。

其次，利率因素同样是做卖权需要重点考虑的一个因素。与买权不同，卖权需要占用的资金量较大，需要考虑资金成本的问题。卖出风险较小的期权虽然在很大程度上可以拿到权利金，但权利金可能未必能够覆盖资金成本，需要在风险与收益间找到平衡。

再次，与买权相反，做卖权的同时也隐含着做空波动率。波动率下降意味着达到行权的可能性降低，期权"贬值"，进而收获权利金。因此，在做卖权时，最好选择在隐含波动率较高时卖出，此时权利金更高，投资性价比更好。

最后，做卖权本质就是收取时间价值，只要标的物资产不朝着不利的方向变动，随着时间的流逝，就可以收取权利金了。因此，在做卖权时应选择大概率不会朝自己不利方向波动的时候去做。

三、市场不同走势结构应如何应对？

液化石油气市场走势变化多样，瞬息万变，企业需要对市场未来走势作出判断，结合自身需求，利用期权组合的多样性，选择合适的投资策略来满足风险管理需求。期权有四种基本策略，即买入看涨期权、买入看跌期权、卖出看涨期权和卖出看跌期权。而通过多个期权合约建立的组合，可以配合更多的市场走势。可以把市场走势分为六类：大幅上涨行情、大幅下跌行情，小幅上涨行情，小幅下跌行情，中性市行情，波动市行情。

（一）大幅上涨行情

当国际原油价格大幅上涨，或国内液化石油气供不应求时，会导致液化石油气价格出现大涨，液化石油气进口贸易企业或者下游企业需要锁定成本，避免价格上涨影响企业正常生产经营，此时可以通过买入看涨期权来进行风险管理，损益见图7-1。

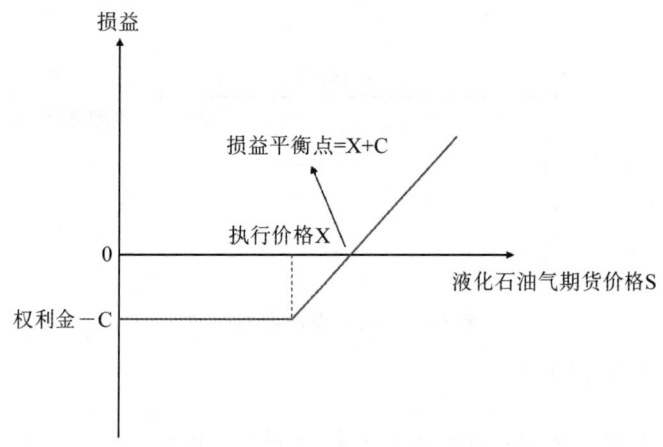

图7-1 买入看涨期权损益

资料来源：中泰期货整理。

买入看涨期权是指企业可以支付权利金C买入执行价格为X的看涨期权，盈亏平衡点为X+C（执行价格+权利金）。当液化石油气期货价格超过盈亏平衡点时，企业开始盈利，理论上最大收益无上限；当液化石油气期货价格出现下跌时，企业在期权上仅亏损权利金。即在大幅上涨行情中，买入看涨期权的最大收益无限，最大损失有限。

（二）大幅下跌行情

国际原油价格大幅下跌，或国内液化石油气出现阶段性供过于求时，会导致液化石油气价格出现大跌。液化石油气生产企业或贸易企业需要锁定销售价格，保证销售利润顺利实现，此时可以通过买入看跌期权来进行风险管理，损益见图7-2。

买入看跌期权是指企业可以支付权利金C买入执行价格为X的看跌期权，盈亏平衡点为X-C（执行价格-权利金）。当液化石油气期货价格低于盈亏平衡点时，企业开始盈利，理论上最大收益也是无限的；当液化石油

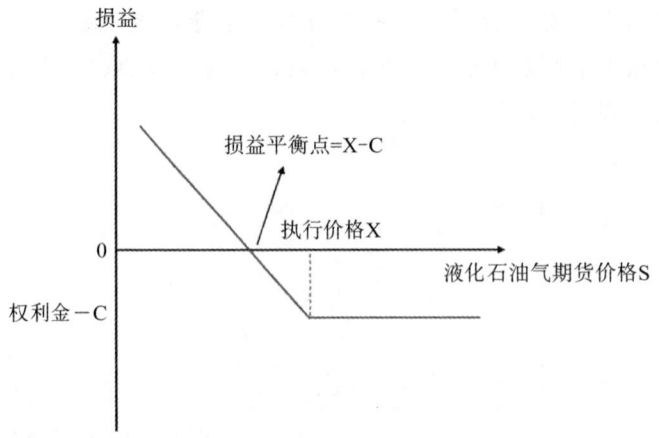

图 7－2 买入看跌期权损益

资料来源：中泰期货整理。

气价格出现上涨，企业在期权上仅亏损权利金。即在大幅下跌行情中，买入看跌期权的最大收益无限，最大损失有限。

需要注意的是，买入看涨期权和买入看跌期权都属于买权，由于时间价值与波动率对期权的影响都很大，随着时间的减少或是波动率下滑，期权的价值也会随之减少。另外，执行价格的选择也将影响损益状况，不同执行价格的期权合约有着不同的权利金成本、收益率与风险程度，在选择上需要谨慎判断。

（三）小幅上涨行情

当液化石油气价格位于低位或前期利空出尽，预计后市转多或者进入调整阶段时，企业同样可以选择卖出看跌期权收取权利金为现货库存增值，也可以通过期权组合策略构建牛市价差来对冲预期上涨区间的损失。

1. 卖出看跌期权

当贸易商或生产企业预计液化石油气价格不会出现大幅下跌时，可以通过卖出看跌期权收取权利金来贴补囤货成本，也间接提高了销售价格，损益见图 7－3。

卖出看跌期权是指企业可以收取一定的权利金，并承担价格下跌至行权

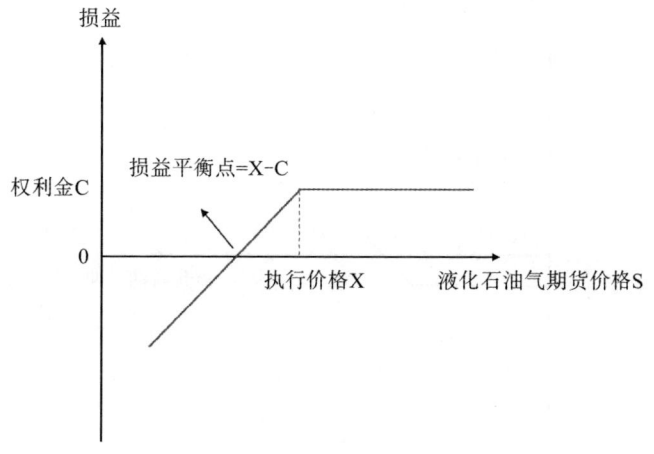

图 7-3　卖出看跌期权损益

资料来源：中泰期货整理。

价时向期权买方交付标的资产的义务。该策略损益平衡点为 X－C（执行价格－权利金）。当液化石油气期货价格高于执行价格 X 时，企业收获全部权利金 C；当液化石油气期货价格下跌至执行价格以下时，可能会面临期权买方要求履约的风险。同样，卖出看跌期权的最大收益已经锁定了，其最大收益上限就是权利金，而最大亏损却是无限的。

2. 牛市价差期权组合

牛市价差期权组合是买入较低执行价格的看涨期权，同时卖出数量相同、标的相同、到期日相同的较高执行价格的看涨期权，损益见图 7-4。

牛市看涨期权组合是放弃一部分期货价格大幅上涨带来的盈利，获得期初卖出看涨期权的权利金，以降低成本支出。此策略适合预期小幅上涨的市场走势。

期权到期时，若到期液化石油气期货价格高于执行价格 X2，则买入和卖出的看涨期权均行权，此时为该策略的最大盈利，最大盈利＝高执行价格 X2－低执行价格 X1－（买入权利金－卖出权利金）；若到期液化石油气价格小于低执行价格 X1，则买入和卖出的看涨期权均不行权，此时为该策略的最大亏损，最大亏损＝买入权利金－卖出权利金；若到期液化石油气期货价格在高执行价格 X1 和低执行价格 X2 之间，则买入的看涨期权行权，卖

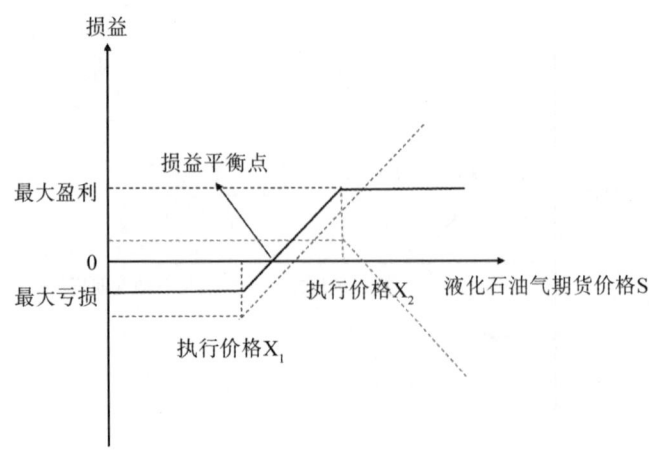

图 7-4　牛市价差期权损益

资料来源：中泰期货整理。

出看跌期权不行权，此时该策略的损益 = 高执行价格 X1 - 液化石油气期货价格 - （买入权利金 - 卖出权利金）。

（四）小幅下跌行情

液化石油气价格经过一段时间的上涨面临前期高点，或利好出尽预计后市转空或者进入调整阶段时，企业可以选择卖出看涨期权为现货库存增值，也可以通过期权组合策略构建熊市价差对冲预期下跌区间的损失。

1. 卖出看涨期权

当贸易商或生产企业预计液化石油气价格不会出现大幅上涨时，可以通过卖出看涨期权收取权利金来贴补囤货成本，也间接提高了销售价格，损益见图 7-5。

卖出看涨期权是指企业可以收取一定的权利金，并承担价格上涨至行权价时，向期权买方交付标的资产的义务。该策略损益平衡点为 X + C（执行价格 + 权利金）。当液化石油气期货价格低于执行价格时，企业收获全部权利金 C；当液化石油气期货价格上涨至执行价格以上时，可能会面临期权买方要求履约的风险。卖出看涨期权的最大收益已经锁定了，最大收益上限就是权利金，而最大亏损却是无限的。

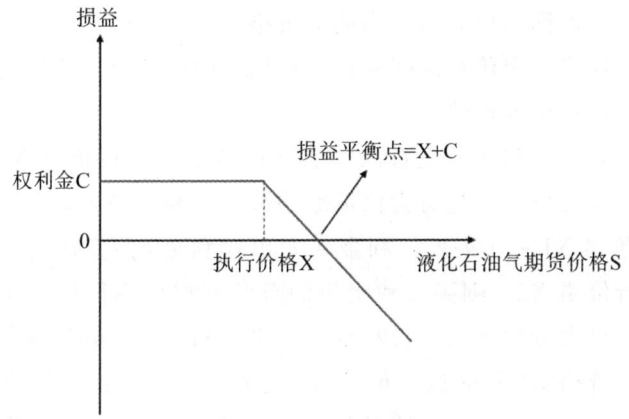

图 7-5　卖出看涨期权损益

资料来源：中泰期货整理。

2. 熊市价差期权组合

熊市价差期权组合是买入较高执行价格的看跌期权，同时卖出数量相同、标的相同、到期日相同的较低执行价格的看跌期权，损益见图 7-6。

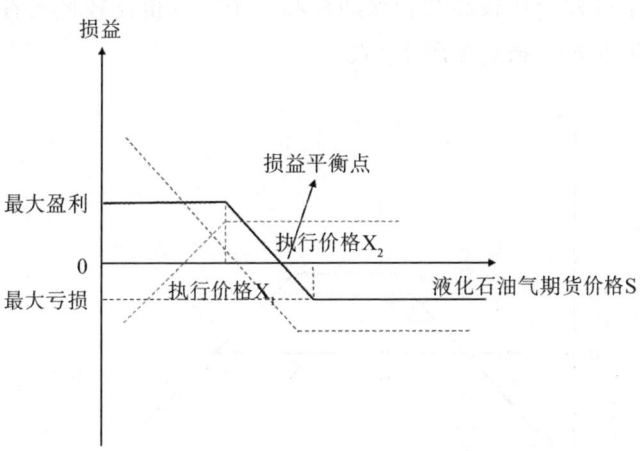

图 7-6　熊市价差期权损益

资料来源：中泰期货整理。

购买单边看跌期权所付出的权利金作为生产商的成本可能会很昂贵，此时，企业可以考虑卖出期权，这样生产商就会在期初收获一定的权利金，减少成本的支出，但同时也放弃了当期货价格大幅下跌带来的部分收益。整个组合策略只能提供一定价格区间保护的作用，因此适合看不涨的行情，也就是预期小幅下跌的市场走势。

期权到期时，若到期液化石油气期货价格小于执行价格 X1，则买入和卖出的看跌期权均行权，此时为该策略的最大盈利，最大盈利 = 高执行价格 X2 - 低执行价格 X1 - （买入权利金 - 卖出权利金）；若到期液化石油气价格大于高执行价格 X2，则买入和卖出的看跌期权均不行权，此时为该策略的最大亏损，最大亏损 = 买入权利金 - 卖出权利金；若到期液化石油气期货价格在高执行价格 X1 和低执行价格 X2 之间，则买入的看跌期权行权，卖出看跌期权不行权，此时该策略的损益 = 高执行价格 X1 - 液化石油气期货价格 - （买入权利金 - 卖出权利金）。

（五）中性市行情

当液化石油气缺乏基本面驱动，且预期未来一段时间没有大幅影响价格变动的事件发生时，企业可以选择卖出宽跨式期权组合获得额外的收益。即同时卖出一个行权价比较高的看涨期权和一个行权价比较低的看跌期权，也就是双向卖出期权，损益见图 7 - 7。

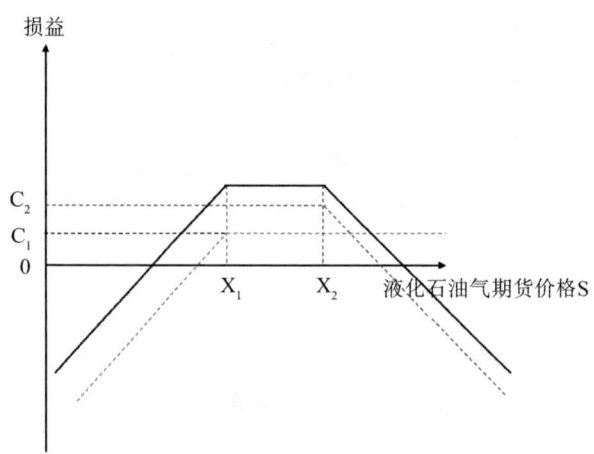

图 7 - 7　卖出宽跨式期权损益

资料来源：中泰期货整理。

该策略适用于企业认为未来液化石油气价格波动较小，不会发生大幅变动时，可以赚取两份权利金。但是此策略的风险较高，一旦液化石油气在两个方向上发生巨大波动时，即期货价格低于左边盈亏平衡点，或高于右边盈亏平衡点时，企业在期权上的损失可能是惨重的。

期权到期时，若液化石油气期货价格大于执行价格 X1 且小于执行价格 X2 时，卖出的看涨期权和看跌期权均不行权，此时为该策略的最大盈利，最大盈利为两份权利金相加，即 C1 + C2；一旦液化石油气价格大幅上涨或大幅下跌，超过两边的盈亏平衡点，则该策略开始亏损，且理论上亏损是无限的。

（六）波动市行情

当液化石油气处于多空博弈中，预期市场未来有剧烈波动但又不确定方向的时候，可以买入宽跨式期权组合，即同时买入一个行权价比较低的看跌期权和一个行权价比较高的看跌期权，也就是双向买入期权，损益见图 7-8。

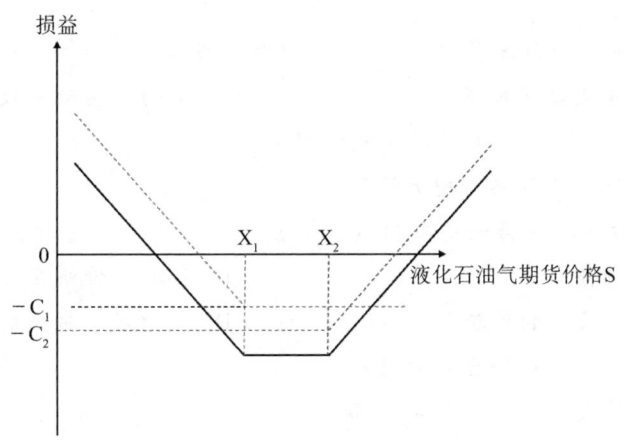

图 7-8　买入宽跨式期权损益

资料来源：中泰期货整理。

该策略在液化石油气大幅上涨或者大幅下跌时都可以从中获利，最大损失就是付出的期权费，最大收益却可能是无限的。该策略应用于企业认为未来标的物价格将有大幅波动但不能确定价格运动方向的情况。

期权到期时，若液化石油气期货价格大于执行价格 X1 且小于执行价格 X2 时，卖出的看涨期权和看跌期权均不行权，此时为该策略的最大亏损，最大盈利为两份权利金相加，即 C1 + C2；一旦液化石油气价格大幅上涨或大幅下跌，超过两边的盈亏平衡点，则该策略开始盈利，且理论上盈利是无限的。

液化石油气企业在经营过程中遇到的每一个风险点、每一次市场波动都对应不止一种期权解决方案，而不同的方案又对应不同的效果，在实际应用中，方案还能更多、更细，这就需要进一步根据企业的实际情况和想要达到的效果，配合行情具体设计。

自测题

一、不定项选择题

1. 从低风险的角度考虑，（　　）适合做买权。

   A. 标的物波动率较低　　　　　　B. 标的物波动率较高

   C. 长期来看，标的物价格有望大幅变化

   D. 短期标的物价格有望大幅变化

2. 做卖权主要获得的是期权（　　）。

   A. 时间价值　　　　　　　　　　B. 标的物价格变化的价值

   C. 波动率衰退的价值　　　　　　D. 资金成本带来的价值

3. 以下（　　）符合买权特征。

   A. 以小博大，通常杠杆率较高

   B. 亏损有限，收益无限

   C. 占用资金较大，风险较高

   D. 买权通常胜率高，容易行权

4. 判断行情即将大涨，需求型企业应（　　）规避风险。

   A. 买入标的物期货　　　　　　　B. 买入标的物看涨期权

   C. 卖出看跌期权　　　　　　　　D. 卖出看涨期权

5. 预期未来标的物出现小幅上涨行情应采取（　　）措施。
A. 买入看涨期权　　　　　　　　B. 卖出看跌期权
C. 买入牛市价差期权组合　　　　D. 卖出看涨期权

6. 预期未来标的物价格在区间内震荡，产业增强收益的方式有（　　）。
A. 卖出宽跨式期权
B. 同时买入同一行权价格的看涨看跌期权
C. 卖出看跌期权
D. 卖出看涨期权

7. 预计未来标的物价格转为大幅波动，但方向难以确定，此时应该（　　）。
A. 卖出宽跨式期权
B. 同时买入同一行权价格的看涨看跌期权
C. 卖出看跌期权
D. 卖出看涨期权

二、判断题

1. 期权不是零和市场，标的物升值可以实现买卖双方共赢。（　　）

2. 买权对于投资者的"择时"能力要求更高，为获取更多收益，尽可能要在即将启动前买入期权。（　　）

3. 深度虚值期权行权概率低，是做卖权的良好标的。（　　）

4. 买入看涨期权和买入看跌期权都属于买权，由于时间价值与波动率对期权的影响都较大，随着时间的减少或是波动率下滑，期权的价值也会随之减少。（　　）

5. 熊市价差期权组合是买入较高执行价格的看跌期权，同时卖出数量相同、标的相同、到期日相同的较低执行价格的看跌期权。（　　）

6. 预期未来一段时间有大幅影响价格变化的事件发生时，企业可以选择卖出宽跨式期权组合获得额外的收益。（　　）

7. 预期市场未来有剧烈波动但又不确定方向的时候，可以买入宽跨式期权组合。（　　）

参考答案

一、不定项选择题

1. AD   2. ABCD   3. AB   4. AB   5. BC   6. A   7. B

二、判断题

1. 错   2. 对   3. 错   4. 对   5. 对   6. 错   7. 错

第八章

液化石油气期货的交割

 一、液化石油气期货为什么要进行交割?

交割是指期货合约到期时买卖双方根据交易所制定的交割规则和程序,通过期货合约标的物所有权转移的方式,将到期未平仓的期货合约进行了结的行为。

期货交割是联系期货与现货的重要纽带,液化石油气的交割机制能够提升现货与期货的联动性,并使得过高或过低的期现价差恢复至适当的范畴。也就是说,当液化石油气期货或现货一方的价格过高或过低时,期货的交割将使得过高或过低的一方价格回归至常规水平。例如,液化石油气市场参与者可以考虑在期货价格大幅高于现货,且交割利润能够覆盖交割所产生的成本时,通过在期货市场上卖出期货,并在现货市场上买入实物用于交割的方式,赚取期货与现货间较大的价差利润。

液化石油气期货进行实物交割的流程一般为:期货合约的卖方在大连商品期货交易所规定的期限内,将相应数量的货物运至交易所指定的交割仓库,待验收合格后由仓库开具仓单,经由交易所注册后成为标准仓单。进入交割期后,卖方提交标准仓单,买方提交相关货款,到交易所办理交割手续。

 **二、套期保值与交割的关系是怎样的?**

套期保值原理是利用期货和现货价格的趋同性原理,通过期货的操作规避现货价格大幅波动风险。例如,液化石油气的生产企业在期货盘面卖出开仓一定数量的液化石油气期货,用于规避液化石油气价格下行的风险。交割则是买卖双方在持有期货合约进入交割期后,卖方提交标准仓单,买方提交相关货款,进行货物所有权的转移。

套期保值与交割并不等同。液化石油气产业链企业为规避液化石油气价格大幅波动风险,可以在期货合约中卖出套期保值,达到锁定液化石油气的销售价格或防范液化石油气库存贬值风险的目的;也可以通过买入套期保值的方式,规避液化石油气价格上涨时提升的采购成本。但套期保值并不一定需要进入交割环节,企业可以根据自身的生产经营需求,调节套期保值操作的入场及离场时机,可以选择在进入交割月前平仓离场或进行移仓换月操作,也可以选择持有期货合约至交割月份进行交割。

是否选择进行交割,需要综合考虑基差水平、交割费用、仓储费用、物流运输和货物质量等多种因素。例如,当期货与现货间的基差在临近交割时仍较大,且在覆盖交割所产生的费用后仍有盈余,那么相较于套期保值来说,进行交割对企业更加有利。

三、液化石油气交割细则有哪些?

液化石油气交割的先决条件是买卖双方为能够开具和接收增值税专用发票的企业法人,且具有合法有效的液化石油气生产、经营或使用资质。

液化石油气的交割单位为 20 吨(1 手),使用标准仓单进行交割。标准仓单制度是我国期货市场经过长期检验的成熟制度,可以较好地实现安全、有效、易管理的交割。液化石油气期货交割质量标准明确,检验方法成熟、快速,具备采用标准仓单制度的基础条件。

在存储上,液化石油气应装入液化石油气储罐或液化石油气专用钢瓶储存。在交割品取样及检测时,取样按照 SH/T 0233-1992 的规定执行,质量指标检验按 GB 11174-2011 执行,交割商品应符合大连商品交易所液化石油气交割质量标准(见表 8-1)。

表 8-1　　　　　　　　　标准品质量要求

项目	要求
密度(15℃)/(kg/m³)	报告
蒸气压(37.8℃)/kPa	≤1380
组分	
C3 烃类组分(体积分数)/%	20≤C3 烃类组分≤60
(C3+C4)烃类组分(体积分数)/%	≥95
C5 及 C5 以上烃类组分(体积分数)/%	≤3.0
残留物	
蒸发残留物(mL/100mL)	≤0.05
油渍观察	通过
铜片腐蚀(40℃,1h)/级	≤1
总硫含量(mg/m³)	≤343

续表

项目	要求
硫化氢（需满足下列要求之一）	
乙酸铅法	无
层析法/（mg/m^3）	≤10
游离水	无

资料来源：大连商品交易所。

液化石油气期货的交割为实物交割，实施全厂库交割制度。进行实物交割主要在于其商品化程度高，且行业存储标准较为统一，货物运输便捷。采用全厂库的交割制度则是受到液化石油气自身的行业特性影响。在液化石油气的现货市场中暂无第三方仓储企业，且行业内的生产企业和进口贸易商的储罐多为自用，少部分贸易商出租其储罐设备，但对货物不进行仓储管理和货物保管，不是真正意义上的仓储企业。从产量看，国内中石油、中石化和中海油的液化石油气产量占全国总供应量不到40%，罐容量占全国罐容总量不到10%，行业内企业竞争充分，不存在垄断。

在交割方式上，采用一次性交割、滚动交割和期转现交割的交割方式。一次性交割是指在合约的最后交易日后，大连商品交易所组织所有未平仓的合约持有者进行交割履约的交割方式。一次性交割需要在三个交易日内完成，即标准仓单提交日、配对日和交收日。滚动交割是指期货合约或标准仓单持有者可以在交割月的第一个交易日至最后一个交易日前一交易日的交易时间提出交割申请，并按照交易所规定完成交割的交割方式。期转现交割分为标准仓单期转现和非标准仓单期转现，提出期转现申请的客户必须为单位客户。进行期转现交割时，应向大连商品交易所提交期转现申请、现货买卖协议等材料。采用标准仓单进行期转现时，交易所会员应在交易日11：30前向交易所提出申请，交易所在申请的当日予以审批；采用非标准仓单进行期转现时，交易所在收到申请后的3个交易日内予以审批。标准仓单期转现的仓单交收和货款支付由交易所负责办理，非标准仓单期转现的货物交收和货款支付由交易双方自行协商确定。

液化石油气的标准仓单在每年3月、9月的最后一个交易日注销。设置半年期的标准仓单有效期,可以减少厂库注册仓单的顾虑,方便产业客户更好地参与期货市场。

液化石油气从厂库出库时,货主应当在标准仓单注销日后(不含注销日)的7个自然日内(含当日)到厂库提货。厂库应当在标准仓单注销日后(不含注销日)的7个自然日内(含当日)开始发货。

大连商品交易所对液化石油气行业可进行交割的厂库进行了明确的规定,具体见表8-2。

表8-2 液化石油气交割库

序号	交割厂库名称	装运站/港	标准仓单最大量(吨)	日发货速度(吨/天)	基准库/非基准库	与基准库升贴水(元/吨)
1	东莞市九丰能源有限公司	东莞市九丰能源有限公司码头	60000	4000	基准库	0
2	广州华凯石油燃气有限公司	华凯码头	20000	1400	基准库	0
3	江门市新江煤气有限公司	无	5000	400	基准库	0
4	广东中石油昆仑液化气有限公司	汕头港老港区粤长燃气码头泊位	24000	1600	基准库	0
5	潮州市欧华能源有限公司	潮州市欧华能源有限公司码头	56000	3800	基准库	0
6	物产中大化工集团有限公司	嘉兴独山港	56000	3400	非基准库	0
7	万华化学(烟台)石化有限公司	烟台西港码头	120000	8000	非基准库	0
8	广西中油能源有限公司	防城港东湾液体化工码头	20000	1400	非基准库	0
9	福建华星石化有限公司	泉港上西气库	24000	1600	非基准库	0
10	福州中民新能源有限公司	福清江阴港	60000	4000	非基准库	0
11	宁波百地年液化石油气有限公司	宁波舟山港大榭港区	60000	4000	非基准库	0
12	广西天盛港务有限公司	广西天盛	60000	4000	非基准库	0
13	浙江卫星能源有限公司	平玻港务码头	24000	1600	非基准库	0

续表

序号	交割厂库名称	装运站/港	标准仓单最大量（吨）	日发货速度（吨/天）	基准库/非基准库	与基准库升贴水（元/吨）
14	东华能源股份有限公司	东华能源	60000	4000	非基准库	0
15	山东京博石油化工有限公司	无	48000	3200	非基准库	0
16	山东神驰石化有限公司	山东神驰石化有限公司	42000	2800	非基准库	0
17	青岛运达石油化工有限公司	无	48000	3200	非基准库	0
18	浙江中燃华电能源有限公司	温州小门岛	32000	2200	非基准库	0
19	福建海裕石化有限公司	古雷	34000	2300	非基准库	0
20	宁波中金石化有限公司	无	12000	800	非基准库	0
21	江阴市金桥化工有限公司	德桥码头	30000	2000	非基准库	0
22	宁波齐鲁新化能源科技有限公司	董家口港青岛海湾液体化工港务有限公司	24000	1600	非基准库	0
23	东营联合石化有限责任公司	无	50000	3400	非基准库	0
24	弘润石化（潍坊）有限责任公司	无	60000	4000	非基准库	0
25	上海煜驰进出口有限公司	宁波金发新材料有限公司	42000	2800	非基准库	0
26	金能化学（青岛）有限公司	金能化学（青岛）有限公司	54000	3600	非基准库	0
27	浙江麦堆科技股份有限公司	浙江麦堆科技股份有限公司	24000	1600	非基准库	0
28	中化石油（海南）有限公司	中化泉州石化有限公司	33600	2300	非基准库	0
29	东莞巨正源科技有限公司	东莞巨正源科技有限公司	90000	6000	基准库	0

资料来源：大连商品交易所。

四、什么是液化石油气交割的升贴水规则？

（一）将 C3＜20%（包括纯丁烷和工业尾气）、C3≥95%（纯丙烷）LPG 作为替代品，分别贴水 150 元/吨和 100 元/吨

按照现货习惯，在国标基础上增加"C3 含量"作为区分标准品和替代品的核心指标。

将 C3＜20%（包括纯丁烷和工业尾气）、C3≥95%（纯丙烷）的 LPG 作为替代品具有可行性。无论是纯丙烷、纯丁烷还是工业尾气，下游用户全部可用，只不过 C3 含量越高，夏天储气瓶压力越高，且不耐用（热值低）；C3 含量越低，冬季气化效果不好。作为下游消费企业的充装站可以按照当地要求，将任意替代品质量的 LPG 在自己充装站的储罐内混合成为标准品，并销售给下游用户。

将纯丙烷（C3≥95%）和纯丁烷（C3≤5%）作为替代交割品，分别贴水 100 元/吨和 150 元/吨。纯丙烷和纯丁烷具备燃烧属性，可以纳入交割体系内，不但可以增加液化石油气期货覆盖产业的范围，使纯气进口商、化工用液化石油气生产企业参与期货市场、增加可供交割量，而且还可以增加交割库容。考虑突出标准品的地位，结合现货中纯气和混气间的价差，纯丙烷拟贴水 100 元/吨，纯丁烷拟贴水 150 元/吨。

将 5%＜C3＜20% 的工业尾气液化石油气作为替代品，贴水 150 元/吨。一方面，炼厂在原油及工艺检修后，会短暂地产出 5%＜C3＜20% 的液化石油气，但可以燃烧。为保证炼厂混气不因组分暂时波动而形成品质违约，将这部分液化石油气作为替代品。另一方面，液化石油气作为化工原料经过加工后，仍有部分尾气产出，组分满足 5%＜C3＜20% 的要求，与标准品价格相关系数为 0.96，总量约 280 万吨，主要用于燃烧，将其纳入替代交割，可进一步扩大可供交割量。考虑突出标准品的地位，结合现货价格数据，拟贴水 150 元/吨。

(二) 允许同时交割纯丙烷和纯丁烷,且纯丙烷的重量比满足 [20%, 50%] 作为替代品,贴水 0 元/吨

液化石油气现货中形成了国产炼厂按照体积比测算 C3 含量、进口库按照重量比测算 C3 含量的特点。现货中,进口库只要出具纯丙烷和纯丁烷的品质合格证,客户就认可其质量。我国液化石油气进口量约占总供应量的 40%,将进口库纳入交割体系并使其能积极参与交割,有利于增加可供交割量,扩大产业客户覆盖范围。考虑到无论重量比还是体积比,对于产品质量及下游使用没有本质区别,因此将按照重量比同时交割纯丙烷和纯丁烷,设置平水 0 元/吨。同时,为保证盘面价格反映标准品价格,必须使重量比换算成体积比后满足标准品要求 [C3 含量(体积比)为 [20%,60%]]。通过现场实验,大连商品交易所发现纯丙烷重量比 ≈ C3 含量体积比 - 5%,误差在 2% 内,因此纯丙烷重量比换算后应满足 [15%,55%]。考虑到有 2% 的误差,为使重量比换算后严格满足标准品体积比要求,将允许交割的重量比范围缩小至 [20%,50%],在此范围外不允许交割。

若同时交割满足表 8-3 中的第 1 项和第 3 项要求的替代品(可以在一个交割单位内同时交割),且第 3 项替代品重量占第 1 项和第 3 项替代品总重量的比例 ≥ 20% 且 ≤ 50%,则扣价 0 元/吨。

表 8-3　　　　　　　　　替代品质量差异与升贴水

序号	项目	升扣价(元/吨)
1	同时满足下述指标要求: (1) 蒸气压(37.8℃)≤485kPa (2) 组分 C3 烃类组分(体积分数)≤5% (C3+C4)烃类组分(体积分数)≥95% C5 及 C5 以上烃类组分(体积分数)≤2.0%	扣价 150
2	同时满足下述指标要求: (1) 蒸气压(37.8℃)≤1380kPa (2) 组分 C3 烃类组分(体积分数)>5% 且 <20% (C3+C4)烃类组分(体积分数)≥95% C5 及 C5 以上烃类组分(体积分数)≤3.0%	扣价 150

续表

序号	项目	升扣价（元/吨）
3	同时满足下述指标要求： （1）蒸气压（37.8℃）≤1430kPa （2）组分 C3 烃类组分（体积分数）≥95% C4 及 C4 以上烃类组分（体积分数）≤2.5% C5 及 C5 以上烃类组分（体积分数）不做要求	扣价 100

资料来源：大连商品交易所。

（三）以盘面主要反映基准地价格为原则，设置非基准交割地升贴水

交割区域及升贴水设计具体方案为：

在广东、广西、福建、江苏、浙江、上海、山东、河北、天津等地设置交割仓库；

设置广东为基准交割地；

广西、福建、江苏、浙江、上海、山东、河北、天津为非基准交割地，贴水 0 元/吨。

五、怎样生成液化石油气仓单？

（一）仓单注册流程

液化石油气实行全厂库进行交割，客户联系厂库申请注册仓单，结清相关费用。申请注册标准仓单的厂库应当向交易所提供交易所认可的银行履约担保函或者其他担保方式。标准仓单注册申请经会员确认，且厂库已经向交易所提供相关担保后，交易所对标准仓单进行注册。

（二）仓单转让流程

仓单转让业务需通过交易所会员办理。客户向交易所会员传送"仓单转让申请表"，交易所会员根据客户申请办理。仓单转让业务办理流程如下：

客户自行结算的办理时间为 09：00—16：00，委托交易所结算的办理时间为 09：00—15：00。买方客户在提交申请的同时，应保证期货账户有足够的货款，卖方客户应有足够的仓单。处理日当日闭市后，交易所收取全额货款并将标准仓单交付买方，将货款的 80% 付给卖方，余款在卖方提交增值税专用发票后结清。

（三）仓单注销流程

液化石油气标准仓单在每年的 3 月、9 月最后 1 个交易日之前（含当日）应当进行标准仓单注销。

标准仓单持有人注销标准仓单，应当通过会员办理。会员到交易所申请注销标准仓单的，交易所注销相应的标准仓单，结清有关费用，并开具"提货通知单"。会员通过电子仓单系统申请注销标准仓单的，交易所注销相应的标准仓单，结清有关费用，通过电子仓单系统向会员发送提货密码，并向会员和厂库发送提货通知。货主提货时，应当向厂库提供提货人身份证、交易所认可的提货人所在单位证明、"提货通知单"或者提货密码，同时与厂库结清自标准仓单注销日次日起的有关费用。

六、液化石油气交割流程是怎样的？

液化石油气厂库交割流程主要包括仓单生成与流转、仓单注销与货物出库，以及出库时的取样及争议检验。

在进行液化石油气仓单注册时，客户需联系厂库申请注册仓单，并结清相关费用，由厂库先向大连商品交易所提交履约担保函，待履约担保函验证通过、交易所会员确认申请后,交易所进行审批。已经完成注册的仓单可以通过实物交割、交易和转让等方式进行流通。标准仓单转让的货款收付,交易双方可以自行办理,也可以委托交易所办理。

在进行标准仓单注销时,需通过交易所会员提交标准仓单的注销申请"标准仓单持有凭证",在结清相关费用后大连商品交易所开具"提货通知单"。货主应当在标准仓单注销日后(不含注销日)的7个自然日内(含当日)到厂库提货。厂库应当在标准仓单注销日后(不含注销日)的7个自然日内(含当日)开始发货。

液化石油气在出库时由厂库和货主当场取样并封样,样品保存在厂库作为争议检验的依据,若货主提出争议检验,则质检机构对样品进行检验。大连商品交易所引入质检机构进行取样、留样,同时为减少样品总量,规定每个客户每天留样数量不超过3个。货主可决定是否对每日出库的货物进行取样,需在货物出库前2个自然日之前以书面形式告知厂库。因货主原因导致无法取样的,视为货主选择不取样。若货主选择取样,货主应当在每日货物出库前2个自然日之前,委托指定质量检验机构取样并支付相应费用。

在交割方式上可以分为滚动交割、一次性交割和期转现。滚动交割流程办理时间为交割月第一个交易日至交割月最后交易日前一个交易日,结算价采用该期货合约配对日的当日结算价,由卖方向买方开具增值税专用发票(见表8-4)。

表8-4　　　　　　　　液化石油气滚动交割流程

时间	买方	卖方
配对日	被动配对,持仓保证金转为交割预付款	主动提出交割申请
交收日(配对日后第2日)	支付剩余货款,收到仓单	收到80%货款,待7个交易日内交付发票后结清余款

资料来源:大连商品交易所、中泰期货整理。

一次性交割流程是在合约最后交易日后,所有未平仓合约的持有者须以交割履约;同一客户号买卖持仓相对应部分的持仓视为自动平仓,不予办理交割;平仓价按一次性交割的交割结算价计算(见表8-5)。

表 8-5　　　　　　　液化石油气一次性交割流程

时间	买方	卖方
最后交易日	持仓保证金转为交割预付款	仓单可先折抵至交易所
最后交易日后第一个交易日	—	提交仓单
最后交易日后第二个交易日	提交买入意向库（配对）	—
最后交易日后第三个交易日	支付剩余货款，收到仓单	收到 80% 货款，待 7 个交易日（鸡蛋为 11 个交易日）内交付发票后结清余款

资料来源：大连商品交易所、中泰期货整理。

七、交割结算价是如何确定的？

交割结算价是大连商品交易所根据不同交割方式进行确定的。滚动交割的交割结算价采用该期货合约滚动交割配对日的当日结算价；一次性交割的交割结算价采用该期货合约自交割月第一个交易日起至最后交易日所有成交价格的加权平均价；期转现结算价采用买卖双方协议价格。

八、液化石油气期货交割有哪些成本？

在实际交割过程中，客户所在期货公司在合约交割月前月最后一个交易日前，核实客户的危化品相关许可证信息（许可证编号及有效期限）、录入电子仓单系统并及时更新，对无证或证书不在有效期的客户强行平仓。进入交割月后，仍未录入危化品相关许可证信息的客户被配对后，最晚应于交收日 14：30 前补齐相关信息，否则视为不具备液化石油气交割资质，将罚没其 20% 的货款作为对方的补偿金；双方都无证或证书不在有效期，各扣罚 20% 货款，不再支付给对方，同时终止交割。

液化石油气期货的交割费用包括交割手续费、仓储费、出库费等，其中交割手续费设定为 1 元/吨，仓储费设定为 1 元/吨天，出库费用、取样及检验收费实行最高限价制度（见表 8-6）。

表 8-6　　　　　　　液化石油气期货交割的相关费用

品种	期货仓储费	交割手续费
液化石油气	1 元/吨天	1 元/吨

资料来源：大连商品交易所、中泰期货整理。

货主对厂库出库商品质量有异议时，首先与厂库协商解决。协商不成的，货主应在按照规定封存样品（不含当日）后的两个交易日内，以书面形式向交易所提出复检申请。复检费用由货主先行垫付。复检结果与厂库认定的检验结果相符的，由此产生的相关费用（取样费、检验费和仓储费等）和损失由货主负担；否则，由此产生的相关费用（取样费、检验费和仓储费等）和损失由厂库负担（见表 8-7）。

表 8-7　大连商品交易所液化石油气指定质检机构检验及取样费用最高限价

取样费				
取样费		岸罐取样费用为 800 元/罐		
		槽车取样费用为 600 元/车		
LPG 期货品质检验费				
序号	项目		单位	费用（元）
1	密度（15℃）		kg/m³	130.00
2	蒸气压（37.8℃）		kPa	130.00
3	组分	C3 烃类组分	%（体积分数）	1500.00
		（C3+C4）烃类组分	%（体积分数）	
		C4 及 C4 以上烃类组分	%（体积分数）	
		C5 及 C5 以上烃类组分	%（体积分数）	

续表

序号	项目		单位	费用（元）
4	残留物	蒸发残留物	mL/100mL	400.00
		油渍观察	—	
5	铜片腐蚀（40℃，1h）		级	540.00
6	总硫含量		mg/m^3	1000.00
7	硫化氢	乙酸铅法	—	400.00
8	游离水		—	400.00
	全套品质检验			4500.00

备注：如产生样品递送、差旅、样品延期存放等费用，另行协商。

资料来源：大连商品交易所、中泰期货整理。

厂库以不高于日发货速度向货主发货时，货主因运输能力等原因无法按时提货，货主应当向厂库支付滞纳金。滞纳金按照如下方法确定：从开始提货之日（含当日）起，每日按照截至当日应提而未提的商品数量乘以相应的滞纳金标准计算出当日滞纳金金额，直至完成提货之日（不含当日），在加总每日滞纳金金额的基础上，计算出货主应当向厂库支付的滞纳金总额。滞纳金标准为 6 元/吨天。

厂库未按时完成所有商品的发货，在按规定进行赔偿的基础上，同时还应当向货主支付赔偿金，赔偿金金额 = 该商品最近已交割月份交割结算价 × 按商品总量应发而未发的商品数量 × 5%；并按照以下程序进行处理：交易所向货主提供其他厂库或其他地点的相同质量和数量的现货商品，并承担调整交货地点和延期发货产生的全部费用。交易所无法提供上述商品时，向货主返还货款并支付赔偿金。返还货款和赔偿金的金额 = 该商品最近已交割月份交割结算价 × 按商品总量应发而未发的商品数量 × 120%。

液化石油气指定厂库名录可参照大连商品交易所官方网站：http://www.dce.com.cn/dalianshangpin/sspz/yhsyq/8548496/8552096/index.html。

九、液化石油气期货交割有哪些风险?

液化石油气期货的交割方式为实物交割,存在的风险有:现货商品生成期货仓单时的质量风险、期货商品储存期间质量发生变化及出现违约行为后保障不力等。

交割风险的恶劣后果是交割违约,造成投资者不合理的亏损和市场的长期低迷,品种的活跃度受到严重影响。因此,防范交割风险是规范市场的一项紧迫任务。液化石油气期货合约具有严格的时效性,投资者可以选择在期货合约到期前对冲平仓。到期时如果不能及时完成对冲操作,就要承担交割责任,就要准备足够的资金或者实物货源进行交割。

十、什么是期转现?

期转现是指持有同一交割月份合约的交易双方通过协商达成现货买卖协议,并按照协议价格了结各自持有的期货持仓,同时进行数量相当的货款和实物交换。期转现分为标准仓单期转现和非标准仓单期转现。

提出期转现申请的客户必须是单位客户。申请时间为合约上市之日起至交割月份前一个月倒数第三个交易日(含当日)。平仓价格按双方协议价格进行平仓,产生的盈亏计入当日平仓盈亏。货款价格按双方协议价格进行货款划转或通过交易所结算(见表8-8)。

表 8-8　　　　　　　　　液化石油气期转现流程

期转现	标准仓单期转现	非标准仓单期转现
申请及批复	交易日 11：30 前提出申请 交易所在申请当日予以审批	交易所在收到申请后的 3 个交易日内予以审批
提交材料	①期转现申请； ②现货买卖协议； ③相关的货款证明； ④相关的标准仓单、入库单、存货单等货物持有证明	①期转现申请； ②现货买卖协议； ③相关的货款证明； ④相关的标准仓单、入库单、存货单等货物持有证明
双方义务	批准日结算前，卖方提交相应数量的标准仓单、增值税专用发票；买方付全额货款	交易双方在现货交易结束后向交易所提交货物交收和货款支付证明，交易所有权进行监督和核查
货款交收	仓单交收和货款支付由交易所负责办理	货物交收和货款支付由交易双方自行协商，交易所不承担保证责任
交割费用	按该品种交割手续费标准收取	按该品种交易手续费标准收取

资料来源：大连商品交易所、中泰期货整理。

自测题

一、不定项选择题

1. 采用标准仓单进行期转现时，交易所会员应在交易日（　　）前向交易所提出申请，交易所在申请的当日予以审批。

A. 9：30　　　　B. 10：30　　　　C. 11：30　　　　D. 14：30

2. 采用非标准仓单进行期转现时，交易所在收到申请后的（　　）内予以审批。

A. 两个交易日　　B. 3 个交易日　　C. 4 个交易日　　D. 5 个交易日

3. 液化石油气的标准仓单在每年（　　）的最后一个交易日注销。

A. 2 月　　　　B. 3 月　　　　C. 4 月　　　　D. 5 月

4. 液化石油气从厂库出库时，货主应当在标准仓单注销日后（不含注销日）的（　　）自然日内（含当日）到厂库提货。

A. 3 个　　　　B. 5 个　　　　C. 7 个　　　　D. 10 个

5. 将 C3＜20%（包括纯丁烷和工业尾气）、C3≥95%（纯丙烷）LPG 作为替代品，分别贴水（　　）和（　　）。

A. 150 元/吨；100 元/吨　　　　B. 50 元/吨；100 元/吨
C. 150 元/吨；200 元/吨　　　　D. 50 元/吨；80 元/吨

6. 设置山东、河北、天津为非基准交割地，贴水（　　）。

A. 50 元/吨　　B. 100 元/吨　　C. 150 元/吨　　D. 200 元/吨

7. 大连商品交易所引入质检机构进行取样、留样，同时为减少样品总量，规定每个客户每天留样数量不超过（　　）。

A. 3 个　　　　B. 5 个　　　　C. 7 个　　　　D. 10 个

8. 货主可决定是否对每日出库的货物进行取样，需在货物出库前（　　）自然日之前以书面形式告知厂库。

A. 1 个　　　　B. 2 个　　　　C. 3 个　　　　D. 4 个

9. 厂库以不高于日发货速度向货主发货时，货主因运输能力等原因无法按时提货，货主应当向厂库支付滞纳金，滞纳金标准为（　　）。

A. 2 元/吨/天　　B. 4 元/吨/天　　C. 6 元/吨/天　　D. 8 元/吨/天

10. 提出期转现申请的客户必须是单位客户。申请时间为合约上市之日起至（　　）。

A. 交割月份前一个月倒数第三个交易日（含当日）
B. 交割月份前一个月倒数第三个交易日（不含当日）
C. 交割月份前一个月倒数第二个交易日（含当日）
D. 交割月份前一个月倒数第二个交易日（不含当日）

二、判断题

1. 进行液化石油气交割的先决条件是买卖双方为能够开具和接收增值税专用发票的企业法人，且具有合法有效的液化石油气生产、经营或使用资质。（　　）

2. 在存储上，液化石油气应装入液化石油气储罐或液化石油气专用钢

瓶储存。（ ）

3. 一次性交割需要在3个交易日内完成，即标准仓单提交日、配对日和交收日。（ ）

4. 期转现分为标准仓单期转现和非标准仓单期转现，提出期转现申请的客户可以是自然人客户。（ ）

5. 标准仓单期转现的仓单交收和货款支付由交易所会员负责办理。
（ ）

6. 允许同时交割纯丙烷和纯丁烷，且纯丙烷的重量比满足［20%，50%］作为替代品，贴水100元/吨。（ ）

7. 设置广东为基准交割地。（ ）

8. 液化石油气厂库交割流程主要包括仓单生成与流转、仓单注销与货物出库，以及出库时的取样及争议检验。（ ）

9. 在进行液化石油气仓单注册时，客户需联系厂库申请注册仓单，并结清相关费用，再由交易所会员提交注册申请。（ ）

10. 液化石油气在出库时由厂库和货主当场取样并封样，样品保存在厂库作为争议检验的依据。（ ）

参考答案

一、不定项选择题

1. C 2. B 3. B 4. C 5. A 6. D 7. A 8. B
9. C 10. A

二、判断题

1. 对 2. 对 3. 对 4. 错 5. 错 6. 错 7. 对 8. 对
9. 错 10. 对

第九章

期货公司为企业提供风险管理服务

 一、期货公司能为企业提供哪些风险管理服务?

液化石油气期货作为我国首个气体能源衍生品,于 2020 年 3 月 30 日在大连商品交易所挂牌上市,同时这也是我国首个期货与期权同步上市的品种,是期货品种上市机制的新尝试。而作为我国以油、煤、气为核心代表的能源体系之一,LPG 期货及期权合约的上市为液化石油气企业对冲市场风险提供了新的手段和新的工具。

近年来,影响液化石油气价格的因素越来越多,单凭以往的季节性价格变化规律和销售经验已经不能适应现在的市场了。国际形势复杂多变,地缘政治问题频发,液化石油气价格受国际能源价格的影响而大幅波动,随着市场的不断发展,未来将有更复杂的局面出现,产业的风险也在不断增加,市场参与者迫切需要风险管理工具。液化石油气期货和期权上市之后，广泛的市场参与者可以利用期货和期权采取套期保值、虚拟库存等市场化的操作策略，借助高度活跃的市场交易所提供的流动性，在遇到多元化的市场风险时趋利避害，锁定交易价格，降低采购成本、库存成本，稳定经营毛利或利润，更加合理地安排生产经营管理活动，促进行业稳定高效发展。

在传统的期货业务基础上，除了利用套期保值对冲价格波动风险外，期货公司以及期货风险管理子公司还可以为液化石油气企业提供其他创新服务业务。期货公司风险管理子公司是期货公司通过设立子公司的方式开展以现货风险管理业务为主的金融服务业务，围绕期货市场定价和风险管理，为实体企业提供丰富多样的期现结合产品及服务，如仓单服务、合作套保、基差贸易、含权贸易、互换掉期等期现结合的创新业务。

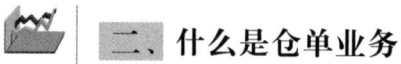

二、什么是仓单业务？

期货仓单是由期货交易所指定交割仓库、按照交易所规定的程序签发的符合合约规定质量的实物提货凭证。标准仓单对应的物品，必须符合交易所期货交割的需求。

仓单服务是指根据产业客户的不同需求，通过仓单销售、收购、串换等一系列操作满足客户的需求。风险管理子公司可以在现货市场组织货源生成标准仓单销售给客户，或通过期货市场交割获取仓单并转手给客户，还可以在收购客户仓单后按照合同约定在一定时期后由客户购回；另外还能根据客户的特定需求在不同客户间进行仓单互换，由此获取差价收益或服务收益。目前，期货市场的仓单服务已经相对成熟，各品种之间相差不大。

期货子公司的仓单服务主要有四种模式。

（一）仓单服务之仓单购销

仓单的收购是指风险管理子公司收购企业客户手中的仓单，同时在期货市场上卖出套期保值，利用交割的方式来锁定价差利润的业务模式，可以满足客户提前交割的需求，缓解卖方客户在临近交割月的期货保证金逐级提高的资金压力。仓单的销售是指期货子公司在现货市场组织货源生成标准仓单或者通过期货市场交割获取仓单销售给企业客户，为企业提供多条原料采购途径。

（二）仓单服务之约定购回

约定购回业务主要是在仓单转让企业（客户）将仓单出售给仓单受让企业（风险管理子公司）的同时签订回购协议，约定购回相关条款的业务模式。子公司根据协议按比例支付款项，项目到期后双方完成仓单所有权的过户。

（三）仓单服务之仓单质押

仓单质押业务主要是客户将其标准仓单过户到子公司作为融资担保，子公司依据质押标准仓单向客户提供一定比例资金的短期融资业务。

（四）仓单服务之仓单串换

仓单串换是指客户手里的标准仓单的交割等级或交割地点不符合自身需求，通过和其他客户换取同种商品且符合自身需求的交割品级或交割地点的仓单来满足自身需求。

三、什么是仓单回购业务？

仓单回购业务用来解决客户注册仓单后，资金临时周转不畅，但后期对仓单仍然有需求的问题。首先，双方签订回购协议，约定回购的价格和时间，确定回购费用。然后，风险管理公司根据协议支付订金，双方进行仓单所有权的转移，预留出回购业务的手续费用以及仓储费等其他费用之后支付余款。按照标准化的操作流程，资金的流转应当对应增值税发票的流转，而实际操作过程中，可以根据客户的实际情况进行相应的调整，关键要保证在合法、合规的前提下，风险处于可控的范围内。

仓单回购与收购均属于仓单买断业务，风险管理子公司在协议期间内取得标准仓单所有权后，可以对仓单进行自由操作。例如，通过交易所和银行进行二次融资，只需保证协议到期时能够提供相应数量和品种的仓单即可。目前，仓单回购业务已占到企业所有期货业务的一半。

 四、什么是仓单融资业务？

仓单回购与仓单融资业务分别属于买断式回购和质押式回购，虽然二者在业务模式上有很多相似之处，但在仓单所有权上有本质区别。买断式回购涉及所有权的转换，逆回购方在融出资金时收到的仓单是可以自己支配的，并且也能获得利息收入。融资仓单是一种抵押方式，逆回购方融出资金时并没有仓单的所有权，利息收入也归正回购方所有。仓单融资是指融资企业将其拥有完全所有权的仓单进行质押，作为融资担保，金融机构依据质押仓单为申请人提供资金的融资业务，也是近年来液化石油气产业客户普遍采用的一种抵押融资方式。

仓单融资的渠道主要分为银行仓单质押融资和交易所仓单冲抵保证金。银行仓单质押模式又分为先质后贷以及先贷后质。先质后贷是企业以其拥有所有权的仓单提供质押担保，通过银行发放资金用于满足其正常生产经营流动资金周转的一种短期融资业务；先贷后质是企业通过期货市场购买原料，需要进行标准仓单交割时，通过银行发放资金用于其进行标准仓单实物交割，同时将交割所的标准仓单质押给银行。交易所仓单融资是指客户将仓单交存交易所冲抵保证金，仓单冲抵的保证金仅用于交易担保，发生的亏损、交割货款、出金、费用等款项均以货币资金及时结清。交易所仓单冲抵保证金融资相对银行来说成本较低、业务流程简单，但对质押资金的用途有严格的限制。

在液化石油气产业链中,作为加工型企业,仓单融资业务可以缓解企业生产期间因持续收购原材料而导致的流动资金紧张问题;作为贸易型企业,仓单质押融资业务可以解决大量库存商品占压流动资金的问题。

五、什么是合作套保?

合作套保是指风险管理子公司利用自身对市场行情的研判、套保机会识别以及操作等方面的优势,针对LPG企业在生产经营中规避现货市场价格波动风险的需求,协助企业组织、制定及实施套保的业务。区别于传统的套期保值,合作套保是风险管理子公司深入了解企业经营活动后,针对LPG不同企业的问题和需求制订出的个性化的套保方案,能最大限度地改善企业风险环境,为企业实现利益最大化。另外,部分企业在生产经营中有规避现货市场价格波动风险的需求,但由于企业的经营主要围绕现货展开,人力、物力有限,独立组建套期保值交易团队的成本较高,合作套保可以为LPG实体企业,特别是中小型企业在期货市场上的套期保值提供部分资金支持以及交易、风险控制等方面的指导,能有效减轻企业的资金压力,弥补其操作经验方面的不足,为LPG企业提供"一对一"的套期保值服务。

如果企业确定有合作套保的需求,风险管理子公司将对企业进行资格审核,包括企业基本信息、资产情况、信用历史、生产经营等相关情况,通过审核后可进行后续合作。风险管理子公司与企业充分沟通,了解其具体需求后,本着互利共赢的原则与企业确立合作关系,签订协议,明确双方职责与交易风险,共同组建合作套保项目组。在合约有效期内,合作套保项目组负责套保方案的制订、审批、执行和监督。根据企业需求,风险管理子公司制订有针对性的套保方案,经过项目组审批后执行,交易过程中风控人员随时跟踪期货交易、保证金水平并结合企业现货操作情况,把握整体风险控制。在有套保头寸时,合作套保需执行每日结算制度,出具结算报告,在月度、半年度和年度，双方进行收益或损失的清算。需要注意的是，合作套保的本质是帮助企业发挥期货规避现货价格波动风险的作用，因此要通过期、现两端共同核算确定项目的最终盈亏。

六、什么是基差贸易？

基差贸易是风险管理子公司的重点业务之一，企业通过与其签订协议，约定未来期货的升贴水，借助点价等方式来固定现货交易价格，从而帮助现货企业转移现货价格波动风险。其中，基差是某一特定商品在某一特定时间和地点的现货价格与该商品在期货市场的期货价格之差，而基差交易则是一种将点价交易与套期保值结合在一起的操作。点价是指买卖双方约定以特定商品某个时间点或时间段的期货价格为基价，加上双方协商同意的升贴水来确定最终现货结算价格的交易方式。点价交易从本质上看是一种为现货贸易定价的方式，点价交易中双方约定的不是一个明确的价格，而是通过期货价格加上升贴水的一种定价方式。升贴水的高低，与点价所选取的期货合约的月份远近、期货交割地与现货交割地之间的运费以及期货交割商品和现货交割商品的品质差异有关。企业通过基差交易，将自身面临的基差风险通过协议升贴水的方式转移给现货交易中的对手，从而达到完全套期保值甚至盈利目的。风险管理子公司可以通过其丰富的期货市场经验为企业发现基差交易的机会，作为对手方与企业签订合约，能有效避免企业自己寻找对手方困难的问题以及交易过程对手方违约问题。

基差贸易的好处在于：首先，买卖双方通过点价方式在期货价格的基础上确定一个升贴水，期货价格具有公开、权威、透明的特点，便于增加交易定价的公信度，而且大大降低了交易成本。其次，基差贸易方便企业灵活设计并运用多样化的对冲策略，无论现货市场的价格发生多大的波动，只要企业确定的升贴水能够覆盖在期货市场上做套期保值时的基差，就可以达到完全套期保值的效果。若协议的升贴水价格大于套期保值基差，则企业还能获得额外的盈利。

基差交易目前在大宗商品领域中仍处于探索阶段，部分成熟品种的行业参与度已经非常高。LPG 在仅上市 2 个多月时，就已经有基差交易的成功案例了。如 2021 年 1 月 20 日，由广东兴化燃气集团主导的 LPG 基差贸易正式完成，顺利在九丰能源仓库提货装运，降低了成本。随着 LPG 衍生品的越发成熟，企业参与度越来越高，LPG 产业的基差交易模式将得到进一步发展。

七、什么是场外期权业务？与场内期权有哪些区别？

场外期权是指在非集中性的交易场所进行的非标准化金融期权合约的交易，是根据场外双方的洽谈，或者中间商的撮合，按照双方需求自行制定交易的金融衍生品。其性质与交易所内进行的期权交易差别不大，最根本的区别在于期权合约是否标准化。场内期权是在交易所交易的标准化合约，通过清算机构进行集中清算。场外期权根据客户的需求设计，是个性化的，更加灵活，虽然没有统一的挂牌和指令规则，但其在交易量和交易额上占据明显的优势。

场外期权的交易模式有撮合模式和做市模式两种。撮合模式是由中间商进行撮合，买方与卖方达成交易，中间商从撮合交易中赚取价差，风险相对较低。但是由于场外期权产品的个性化设置，期权价格取决于多种因素，包含标的价格、波动率、到期时间、利率和执行价格，造成众多投资者对价格判断的严重不一，较难达成交易，经常会因为买卖双方在期权合约的行权价格和到期时间上不匹配而造成交易失败。要找到合约条件相匹配的对手方，中间商需要分别和买方、卖方进行沟通，所以整个交易过程耗费的时间较长，谈判成本也较高。做市模式是由具备一定实力和信誉的机构作为做市商，其专业能力强、风险承受度高、资金实力较强，通过向市场进行双边报价提供流动性，并在该价位上接受投资者的买卖要求，用其自有资金或资产与投资者进行交易，风险较高，需要用自有资金在场内市场用现货或者期货来对冲风险。做市商必须有较为雄厚的资金实力，也存在资金链断裂的破产风险。国内主要采用做市商模式，液化石油气场外期权主要由期货风险管理子公司来创设，并通过自有资金构造相应的基础资产组合来进行对冲。

场内外期权的区别在于：第一，场外期权合约是非标准化合约，其条款不受限制和规范，在执行价格、到期日等具体条款上，可由交易双方自行商定。而交易所内的期权合约则是以标准化的条款交易、结算，而且有严格的监管及规范。第二，目前交易所上市的期权品种有限，以商品期权为主，且形式比较单一。但场外期权标的多样，以利率和汇率为主，可交易的商品期权品种也远多于场内期权，交易形式更为多样化和复杂化，交易规模较大。第三，交易对手不同。场内期权的投资者只有门槛限制而没有身份限制，场外期权交易多在机构投资者之间进行，对于一般法人和机构投资者，其交易对手多为经验丰富的投资银行、商业银行等专业金融机构，期权合约的内容、交易方式等均由经验丰富的交易对手设计。第四，场外期权的流动性风险和信用风险较大。交易所的标准化期权可以随时转让，结算机构可以保证卖方履约，但场外期权交易这两点都无法保证。所以，场外期权交易具有较高的流动性风险和信用风险。

相对于场内期权的标准化合约服务于大多数投资者的共性需求，场外期权的非标准化合约则给投资者提供个性化服务，因此场外期权是不可替代的。

自测题

一、不定项选择题

1. 下列属于期货公司仓单服务模式的有（　　）。

A. 仓单购销　　　　　　B. 仓单质押

C. 约定购回　　　　　　D. 仓单串换

2. 下列属于仓单买断业务的是（　　）。
   A. 仓单购销　　　　　　B. 仓单质押
   C. 约定购回　　　　　　D. 仓单串换

3. 仓单融资的渠道主要分为（　　）。
   A. 银行仓单质押融资　　B. 期货公司冲抵保证金
   C. 风险管理公司融资抵押　D. 交易所仓单冲抵保证金

4. 基差贸易中，升贴水的高低与点价所选取的（　　）有关。
   A. 期货合约的月份远近　B. 期货合约的价格
   C. 期货交割地与现货交割地之间的运费
   D. 期货交割商品和现货交割商品的品质差异

5. 期货公司通过设立子公司的方式开展以现货风险管理业务为主的金融服务业务，包括（　　）。
   A. 仓单服务　　　　　　B. 合作套保
   C. 基差贸易　　　　　　D. 互换掉期

6. 合作套保区别于传统的套期保值的特点是（　　）。
   A. 合作套保是子公司深入了解企业经营活动后，针对不同企业的问题和需求制订个性化的套保方案
   B. 合作套保能最大限度地改善企业风险环境，为企业实现利益最大化
   C. 合作套保可以为实体企业在期货市场上的套期保值提供部分资金支持以及交易、风险控制等方面的指导
   D. 合作套保可以保证企业实现盈利，不会有亏损的风险

7. 在买方叫价交易中，对基差买方有利的情形是（　　）。
   A. 升贴水不变的情况下点价有效期缩短
   B. 运输费用上升
   C. 点价前期货价格持续上涨
   D. 签订点价合同后期货价格下跌

8. 点价交易合同签订后，基差买方判断期货价格处于下行通道，则合理的操作是（　　）。
   A. 等待点价操作时机　　B. 进行套期保值
   C. 尽快进行点价操作　　D. 卖出套期保值

9. 场外期权的交易模式有（　　）。

A. 撮合模式　　　　　　　B. 随机模式

C. 做市模式　　　　　　　D. 一对一模式

10. 场外期权与场内期权的区别是（　　）。

A. 场外期权合约是非标准化合约

B. 场外期权标的比场内期权标的多

C. 场内期权与场外期权的交易对手不同

D. 场外期权的流动性风险和信用风险较大

二、判断题

1. 期货仓单是由期货交易所指定交割仓库按照交易所规定的程序签发的符合合约规定质量的实物提货凭证。（　　）

2. 仓单回购不涉及仓单所有权的转换。（　　）

3. 仓单回购与仓单融资业务分别属于买断式回购和质押式回购。（　　）

4. 银行仓单质押模式只能是先质后贷。（　　）

5. 合作套保的本质是帮助企业发挥期货规避现货价格波动的风险，因此，要通过期现两端共同核算确定项目的最终盈亏。（　　）

6. 基差是某一特定商品在某一特定时间和地点的现货价格与该商品在期货市场的期货价格之差。（　　）

7. 企业做基差贸易时，无论现货市场的价格发生多大的波动，只要企业确定的升贴水能够覆盖在期货市场上做套期保值时的基差，就可以达到完全套期保值的效果。（　　）

8. 场外期权是指在非集中性的交易场所进行的非标准化的金融期权合约的交易。（　　）

9. 点价是指买卖双方约定以特定商品某个时间点或时间段的期货价格为基价，加上双方协商同意的升贴水来确定最终现货结算价格的交易方式。（　　）

10. 总有一天，场内期权能完全替代场外期权。（　　）

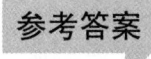

参考答案

一、不定项选择题

1. ABCD   2. ACD   3. AD   4. ACD   5. ABCD   6. ABC
7. D   8. A   9. AC   10. ABCD

二、判断题

1. 对   2. 错   3. 对   4. 错   5. 对   6. 对   7. 对
8. 对   9. 对   10. 错

后 记

本书是专为期货交易者编写的一本普及性读物,适合于液化石油气产业链企业和普通交易者阅读。

本书注意实用性、趣味性,以通俗易懂的语言、鲜明生动的案例将理论知识简单化,避免了理论知识阐述过程中的呆板僵硬。对于液化石油气产业链企业而言,本书具有指导实务操作的作用,书中包含了大量套期保值、套利、风险管理的应用型案例,对企业应用液化石油气期货和期权有一定的借鉴意义。对于普通交易者而言,本书通过一问一答的形式,由浅入深地剖析液化石油气的基本面和技术面,有助于交易者快速了解液化石油气市场。

与证券、债券等金融工具相比,期货作为风险管理工具,专业性强,杠杆率高,风险大,这在客观上要求交易者具备一定的专业投资知识、经济实力以及风险承受能力。"期市有风险,入市需谨慎!"

本书由于篇幅限制,无法尽述相关实体企业及交易者在期货市场上可能面临的所有具体情况,不管是实体企业还是普通交易者,参与期货市场时,都务必结合自身需求,制定科学合理的交易策略。企业参与套期保值要避免变成投机,普通交易者要严格评估自身能力,尽可能地熟悉并掌握交易品种的市场特点及操作技巧,并严格控制交易规模,避免遭受不必要的损失。

作为《期货交易者教育系列丛书》之一，本书由中国期货业协会组织编写，中泰期货股份有限公司娄载亮、肖海明、李紫嫣、刘田莉承担了本书的具体编写任务。大连商品交易所对本书书稿进行了审阅并提出了宝贵建议。

本书在编写过程中还得到了中国证监会期货司、大连商品交易所和中泰期货股份有限公司领导的指导和帮助，在此表示衷心的感谢！书中的错误之处，敬请批评指正。

中国期货业协会《期货交易者教育系列丛书》编委会
2024 年 4 月

 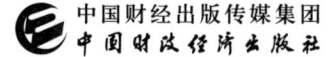

书 单
FUTURES

一、系列

序号	系列
（一）	期货交易者教育系列图书
（二）	金融衍生品系列丛书
（三）	中国期货业发展创新与风险管理研究
（四）	中国期货市场年鉴
（五）	"讲故事 学期货"金融国民教育丛书
（六）	全国期货从业人员资格考试参考用书
（七）	服务实体经济系列
（八）	期货投资者保护丛书
……	……

二、明细

（一） 期货交易者教育系列图书

序号	书名	书号
1	铜期货	978-7-5223-0293-5
2	精对苯二甲酸（PTA）期货	978-7-5223-1405-1
3	玉米期货	978-7-5223-2467-8
4	铝	978-7-5095-3181-5
5	小麦	978-7-5095-3183-9
6	锌	978-7-5095-3190-7
7	线型低密度聚乙烯（LLDPE）	978-7-5095-3184-6
8	早籼稻	978-7-5095-3076-4

续表

序号	书名	书号
9	棉花期货	978-7-5223-2276-6
10	燃料油期货	978-7-5223-2659-7
11	聚氯乙烯	978-7-5095-2592-0
12	棕榈油	978-7-5095-2589-0
13	黄金	978-7-5095-2532-6
14	白糖期货	978-7-5095-8814-7
15	豆类期货	978-7-5095-8815-4
16	焦煤焦炭期货	978-7-5223-2286-5
17	乙二醇期货	978-7-5223-1645-1
18	铅	978-7-5095-4086-2
19	鸡蛋期货	978-7-5095-5803-4
20	铁矿石期货	978-7-5095-5809-6
21	纤维板、胶合板期货	978-7-5095-5810-2
22	石油沥青期货	978-7-5095-5816-4
23	菜籽系期货	978-7-5095-5743-3
24	白银期货	978-7-5095-5955-0
25	玻璃期货	978-7-5095-5697-9
26	动力煤期货	978-7-5095-5802-7
27	稻谷期货	978-7-5095-5826-3
28	原油期货（第二版）	978-7-5223-2342-8
29	苹果期货	978-7-5223-0455-7
30	花生期货	978-7-5223-0967-5
31	生猪期货	978-7-5223-0851-7
32	天然橡胶期货	978-7-5223-1184-5
33	钢材期货	978-7-5223-1175-3
34	甲醇期货	978-7-5223-1295-8
35	纸浆期货	978-7-5223-1277-4
36	纯碱期货	978-7-5223-2285-8
37	镍与不锈钢期货	978-7-5233-2488-3
38	锡期货	978-7-5223-2660-3
39	液化石油气期货	978-7-5223-2931-4
……	……	……

（二）金融衍生品系列丛书

序号	书名	书号
1	股指期货（第二版）	978-7-5095-9432-2
2	场外衍生品（第二版）	978-7-5095-9596-1
3	国债期货（第二版）	978-7-5095-9601-2
4	金融期权（第二版）	978-7-5095-9598-5
5	外汇期货（第二版）	978-7-5095-9597-8
6	结构化产品（第二版）	978-7-5095-9600-5
7	金融衍生品习题集（第二版）	978-7-5095-9599-2

（三）中国期货业发展创新与风险管理研究

序号	书名	书号
1	中国期货业发展创新与风险管理研究（8）	978-7-5095-6907-8
2	中国期货业发展创新与风险管理研究（9）	978-7-5095-7523-9
3	中国期货业发展创新与风险管理研究（10）	978-7-5095-8144-5
4	中国期货业发展创新与风险管理研究（11）	978-7-5223-0213-3
5	中国期货业发展创新与风险管理研究（12）	978-7-5223-1483-9
6	中国期货业发展创新与风险管理研究（13）	978-7-5223-2215-5
……	……	……

（四）中国期货市场年鉴

序号	书名	书号
1	中国期货市场年鉴（2015年）	978-7-5095-6924-5
2	中国期货市场年鉴（2016年）	978-7-5095-7503-1
3	中国期货市场年鉴（2017年）	978-7-5095-8331-9
4	中国期货市场年鉴（2018年）	978-7-5095-9079-9
5	中国期货市场年鉴（2019年）	978-7-5095-9869-6
6	中国期货市场年鉴（2020年）	978-7-5223-0640-7
7	中国期货市场年鉴（2021年）	978-7-5223-1500-3
8	中国期货市场年鉴（2022年 中文版）	978-7-5223-2380-0
9	中国期货市场年鉴（2022年 英文版）	978-7-5223-2381-7
……	……	……

（五）"讲故事 学期货"金融国民教育丛书

序号	书名	书号
1	走进期货	978-7-5095-7095-1
2	如何进行期货交易	978-7-5095-7092-0
3	期货的套保和套利	978-7-5095-7093-7
4	期货交易中的"规矩"	978-7-5095-4355-9
5	金属期货	978-7-5095-7087-6
6	农产品期货	978-7-5095-7104-0
7	能化期货	978-7-5095-7088-3
8	金融期货	978-7-5095-7094-4
9	期权	978-7-5095-7217-7
10	场外衍生品	978-7-5095-7091-3

（六）全国期货从业人员资格考试参考用书

序号	书名	书号
1	期货及衍生品基础（第三版）	978-7-5223-1005-3
2	期货法律法规与职业道德（第二版）	978-7-5223-2897-3
3	期货及衍生品分析与应用（第四版）	978-7-5223-0998-9

（七）服务实体经济系列

序号	书名	书号
1	期货行业主力复工复产案例集	978-7-5223-0168-6
2	期货服务实体经济案例集	978-7-5095-8029-5
……	……	……

（八）期货投资者保护丛书

序号	书名	书号
1	期海导航——期货投资常识与基础知识	978-7-5223-1045-9
2	期海护航——期货交易者合法权益保护	978-7-5223-1531-7

咨询电话：010-88190912

咨询邮箱：jiayanping@cfemg.cn